本书受到国家社会科学基金面上项目（16BGL097）和西华大学校内人才引进项目（W202330、Z221007）的支持。

健康人力资本：

概念、测量及其对工作绩效和工作幸福感的影响

肖金岑　卿　涛 / 著

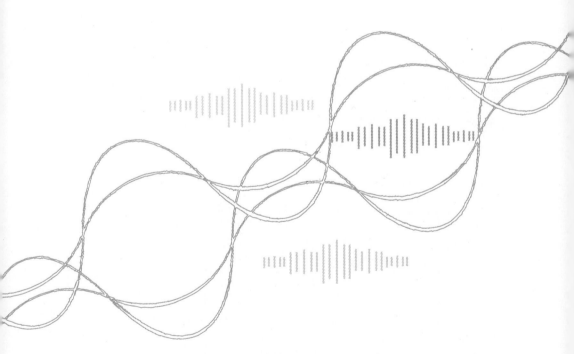

西南财经大学出版社
Southwestern University of Finance & Economics Press

中国·成都

图书在版编目(CIP)数据

健康人力资本:概念、测量及其对工作绩效和工作幸福感的影响/肖金岑,卿涛著.—成都:西南财经大学出版社,2022.11
ISBN 978-7-5504-5465-1

Ⅰ.①健… Ⅱ.①肖…②卿… Ⅲ.①企业管理—人力资本—研究—中国 Ⅳ.①F279.23

中国版本图书馆 CIP 数据核字(2022)第 181413 号

健康人力资本:概念、测量及其对工作绩效和工作幸福感的影响
JIANKANG RENLI ZIBEN:GAINIAN、CELIANG JI QI DUI GONGZUO JIXIAO HE GONGZUO XINGFUGAN DE YINGXIANG
肖金岑 卿涛 著

策划编辑:李邓超
责任编辑:植 苗
责任校对:廖 韧
封面设计:墨创文化
责任印制:朱曼丽

出版发行	西南财经大学出版社(四川省成都市光华村街 55 号)
网 址	http://cbs.swufe.edu.cn
电子邮件	bookcj@ swufe.edu.cn
邮政编码	610074
电 话	028-87353785
照 排	四川胜翔数码印务设计有限公司
印 刷	郫县犀浦印刷厂
成品尺寸	170mm×240mm
印 张	12.25
字 数	325 千字
版 次	2022 年 11 月第 1 版
印 次	2022 年 11 月第 1 次印刷
书 号	ISBN 978-7-5504-5465-1
定 价	88.00 元

前　言

　　人力资本既是推动经济增长最活跃的因素之一，也是企业获得竞争优势、实现可持续发展的重要基础。在物质资本逐渐同化的今天，企业人力资本投资对物质资本利用效率、创新能力、和谐劳动关系和企业绩效等的促进作用越来越明显。特别是随着知识经济时代的到来，企业发展的战略重心从外部资源争夺转向内部资源开发，员工作为企业最重要的内部资源，如何激发蕴含在其身上的人力资本价值以获取竞争优势并实现可持续发展，是管理者重点关心的问题。然而，人们普遍认为，企业员工的人力资本或企业人力资本投资的内容是员工为了能更好地完成其本职工作所需要的技能、知识、经验、创新能力等教育类人力资本的集合，忽视了一种重要的基础性人力资本——健康人力资本。

　　健康是人类永恒的追求，是关乎人类福祉的关键因素。中国作为人口大国，尤其重视人口健康水平，近年来陆续出台了一系列相关政策，如《“健康中国 2030”规划纲要》《健康中国行动（2019—2030 年）》等，建立全民健康已然成为国家战略。健康人力资本是其他形式的人力资本得以存在并发挥价值的基础。然而，健康人力资本的现实情况不容乐观。越来越多的调查数据显示，企业员工在活力年龄、心理幸福感、身体健康指数等多个方面表现不佳。的确，近年来企业员工不仅面临着身体健康水平下降的风险，其心理健康状况也不容乐观，相应的健康理念、健康行为素养等还处于较低水平。健康水平低下直接影响员工的日常工作，包括工作积极性、满意度、出勤率、幸福感等的下降，以及工作倦怠、离职倾向等的上升。由此引发的另一个潜在的且可能更严重的问题就是降低了教育类人力资本的投资收益，因为员工健康水平的高低还与其工作时间是否稳定、注意力是否集中、认知活力是否旺盛、吸收能力是否充足等密切相关，这在一定程度上决定了企业投资于培训等教育类人力资本的收益效果。企业因员工健康问题而额外支付的医疗费用、损失的社会名誉和流失的关键技术等还在不断上升，但管理者似乎仍未寻得一个有效的解决之道，相关现象还在频繁发生。

面对理论与实践的困境，本书试图系统性地研究健康人力资本的经济价值，以引起业界和学界对它的重视。"健康人力资本"是一个新颖的概念，其研究还处于起步阶段，本书拟从三个方面对企业员工的健康人力资本进行有逻辑、全面且系统的研究：第一，厘清健康人力资本的概念内涵和结构维度，即厘清"健康人力资本与健康""人力资本""健康管理"等概念的区别，并通过质性研究①探索其结构维度；第二，开发健康人力资本测量量表，即根据质性研究的结果设计健康人力资本测量工具；第三，考察健康人力资本对工作绩效和工作幸福感的影响及相应机制，即基于自我决定理论构建理论模型考察健康人力资本如何增强员工的工作绩效和工作幸福感。本书关注到了健康人力资本这一学界研究比较空白的领域，丰富了人力资本的研究，同时也为"健康中国 2030"的科学落地提供参考。

本书获得的研究结论有四个：首先，在文献分析和访谈资料提炼的基础上，本书将健康人力资本界定为蕴含在员工身上的生理功能、心理品质和职业适应性等用于保证工作开展、提升工作水平并实现职业成长的健康要素的总和。作为一种重要的人力资本，个人或组织可对健康人力资本进行投资并获得收益。健康人力资本包含生理功能、心理品质和职业适应性三个维度。现有研究对于"道德"是否属于"健康"的成分还不明确，近年来有数篇文献专门对此展开争论，本书将对此进行分析并提出自己的观点，同时对健康人力资本概念内涵和结构维度进行详细阐述。其次，健康人力资本的测量可采用员工自评的方式进行。本书构建了我国企业健康人力资本的测量体系，并在此基础上开发了 31 个条目的健康人力资本测量量表。再次，本书发现健康人力资本满足了个体的三种基本心理需求。最后，从不同的组织层级来看，健康人力资本在各个组织层级中具有差异化的提升策略，如组织层面主要是健康管理相关的制度建立，而部门层面则主要是执行。本书对组织层面、部门层面和员工层面三个方面的提升策略进行了分析。

---

① 质性研究（qualitative research）又被称为"质的研究"或是"定性研究"，主要是指在自然情景下，采用多种资料收集方法，对社会现象进行整体性探究，使用归纳法分析资料，通过与研究对象互动，对其行为和意义建构获得解释性理解。

本书受到国家社会科学基金面上项目（16BGL097）和西华大学校内人才引进项目（W202330、Z221007）的支持，在此表示由衷感谢。因笔者的写作水平和写作时间有限，疏漏之处在所难免，诚望广大专家和相关领域学者批评指正。

肖金岑　卿涛

2022 年 10 月

目　录

第一章　绪论

第一节　研究背景

一、现实背景

国民健康不仅是民生问题，也是重大的政治问题、经济问题和社会问题。"健康中国"建设不仅关乎民生福祉，还关乎国家全局与长远发展、社会稳定和经济可持续发展，因而具有重大的战略意义。党的十七大报告明确提出"健康是人全面发展的基础，关系千家万户幸福"，党的十八大报告进一步指出"健康是促进人的全面发展的必然要求"，党的十九大报告更是直接明确了建设健康中国的路线纲领，即"为人民群众提供全方位全周期健康服务"。具体的政策方面，2016 年 10 月，《"健康中国 2030"规划纲要》①的出台是我国积极参与全球健康治理、履行对联合国《2030 年可持续发展议程》承诺的重要举措。该纲要明确指出，健康是我国经济社会发展的基石、是民族昌盛和国家富强的重要标志。2019 年 7 月，国务院印发了《健康中国行动（2019—2030 年）》②，提出了健康知识普及行动、全民健身行动、心理健康促进行动等具体措施，全面建设健康中国的指导思想正在融入社会的方方面面。

"十三五"期间，我国居民的医保参保率稳定在 95% 以上，2019 年年底的数据显示，参保人数超过 13 亿人并接近 14 亿人。此外，截至 2020 年年底，

---

① 中共中央，国务院. 中共中央　国务院印发《"健康中国行动 2030"规划纲要》［EB/OL］. (2016-10-25)［2022-08-25］. http://www.gov.cn/zhengce/2016-10/25/content_ 5124174.htm.

② 健康中国行动推进委员会. 健康中国行动（2019—2030 年）［EB/OL］. (2019-07-15)［2022-08-25］. http://www.gov.cn/xinwen/2019-07/15/content_ 5409694.htm

人均财政补助标准已达到 550 元以上，个人缴费 280 元，基本实现看病就医有制度保障。国家卫生健康委员会发布的数据显示，截至 2019 年年底，我国医师总数达 386.7 万人，比 2015 年增加近 83 万人，增长率为 27.2%[①]。种种数据都显示，从新中国成立至今，国民健康水平如人均寿命、婴儿存活率等有了大幅提升，然而企业员工这一庞大群体的健康状况却不容乐观。《平安中国 2015》的统计资料显示，中国企业员工的活力（vitality）年龄普遍较实际身体年龄平均衰老 5.7 岁；活力年龄比实际年龄年轻的员工仅有 1.5%，即便是最年轻的也只年轻了 0.7 岁。此外，62.0% 的员工有时或经常感到工作压力大，由此引发出身体疲倦、情绪耗竭等不良后果，更为严重的是，这些现象呈现出恶化的趋势[②]。北京易观智库网络科技有限公司和平安好医生联合发布的《中国企业员工职场健康白皮书 2018》显示，在近 7 亿人的企业员工中，没有体检福利的员工占到了 37.6%，体检后的健康管理服务更是缺乏跟进；肩颈腰椎疼痛、内分泌失调等生理问题十分常见，焦虑、抑郁情绪等心理亚健康问题也普遍存在[③]。然而在现实中，企业管理者对员工健康的重视程度仍然不高，并且缺乏成熟的理论和经验以供借鉴。特别是相比较于谷歌、微软等国外大型企业，国内企业的健康管理更是处于起步阶段。近年来，"过劳死"、跳楼自杀、高管突然辞世、青年教师猝死等事件更是频繁发生，促使人们意识到提高员工身心健康水平的重要性和急迫性。

在管理实践中，管理者通常面临这样一个现实问题：员工有强烈的健康诉求，渴望在工作场所中保持生理健康并获得愉悦的心理体验；而企业有高度的价值创造要求，关注的是如何获得经济价值最大化。这种困境对员工的身心健康造成了极大的影响，而企业也将因为员工健康水平低下而蒙受损失，包括额外的医疗费用支出、低效率的组织运转、社会声誉受损等[④][⑤]。更令人担忧的

---

① 新华社. 国家卫健委：我国医师总数达 386.7 万人 基层医生数量增幅高 [EB/OL]. (2020-08-19) [2022-05-17]. http://www.gov.cn/xinwen/2020-08/19/content_5535907.htm.

② 根据中国平安官方网站相关数据整理。

③ 根据北京易观智库网络科技有限公司和平安好医生联合发布的《中国企业员工职场健康白皮书 2018》相关数据整理。

④ GANSTER D C, ROSEN C C. Work stress and employee health：a multidisciplinary review [J]. Journal of management, 2013, 39 (5)：1085-1122.

⑤ MILLS P R, KESSLER R C, COOPER J, et al. Impact of a health promotion program on employee health risks and work productivity [J]. American journal of health promotion, 2007, 22 (1)：45-53.

是，在当前激烈的市场竞争环境影响下，越来越多的企业反而在加剧以上困境，管理者过度开发内部人力资源成为常态。例如，备受争议的"996"工作制，虽然有些企业认为这是一种"狼性"企业文化，"鼓励"员工加班，但它必然有损于员工的身心健康①。"工作996，生病ICU"是流行于企业员工间的一句顺口溜，意思是长期加班、高负荷的工作会影响员工的身体健康，甚至会导致员工因严重疾病而进入ICU（重症监护病房）。看似笑谈的一句话，其实反映了企业追求经济利益而忽视员工健康水平的现实状况。如何在这看似难以解决的困局中寻找到突破口，是提高员工健康管理效能、人力资本投资收益以及保证企业良性运转的关键举措。

事实上，人力资本是增加物质资本利用效率和提高企业绩效等的关键因素②③④，特别是在物质资本逐渐同化的情况下，人力资本对企业发展的作用将越来越显著⑤。作为人力资本的重要组成部分，健康不仅影响了个体的无病工作时间，还对认知活力、情感体验、吸收能力等起到了重要的促进作用，而健康人力资本的这些功能又能进一步决定其他人力资本的投资收益⑥⑦。此外，还有一部分企业管理者认为，健康人力资本只能维持正常的工作需要而不能带来额外的经济价值，因此他们更倾向于投资教育和培训这类投入产出快的人力资本，从而造成员工健康管理不规范、人力资本投资结构不合理等问题⑧⑨。

---

① 王博，俞海杰. 马克思主义劳动观念视角下的"996"现象分析：兼论新时代劳动与发展的关系 [J]. 未来与发展，2019，43（7）：7-11.

② CROOK T R，TODD S Y，COMBS J G，et al. Does human capital matter? A meta-analysis of the relationship between human capital and firm performance [J]. Journal of applied psychology，2011，96（3）：443-456.

③ FELÍCIO J，COUTO E，CAIADO J. Human capital，social capital and organizational performance [J]. Management decision，2014，52（2）：350-364.

④ 李健，俞会新. 企业人力资本投资对企业绩效的影响：一个文献综述 [J]. 中国人力资源开发，2015（13）：28-34.

⑤ 杨鹏，高素英，许龙. 高管人力资本、员工人力资本对企业绩效的影响：有调节的中介效应分析 [J]. 技术经济与管理研究，2017（4）：52-28.

⑥ 刘国恩，DOW W H，傅正泓，等. 中国的健康人力资本与收入增长 [J]. 经济学（季刊），2004（4）：101-118.

⑦ 王弟海，龚六堂，邹恒甫. 物质资本积累和健康人力资本投资：两部门经济模型 [J]. 中国工业经济，2010（5）：16-26.

⑧ 徐倩，谢勇. 健康与教育：人力资本投资的比较研究 [J]. 市场与人口分析，2004（1）：61-66.

⑨ 朱必祥，朱妍. 基于人力资本投资视角的员工健康管理问题初探 [J]. 南京理工大学学报（社会科学版），2013，26（5）：35-40.

因此，本书认为有必要对健康人力资本进行系统性考察，以期为企业开展有效的员工健康管理和科学的人力资本投资提供指引，也为建设"健康中国"相关政策的科学落地做出贡献。

综上所述，健康人力资本研究的现实背景来源于两个方面：其一，《"健康中国2030"规划纲要》和《健康中国行动（2019—2030年）》等政策的出台标志着"健康中国"已然成为国家战略，健康问题受到越来越多人的关注；其二，人力资本对企业发展的促进作用日益扩大，但作为其重要组成部分的健康管理并没有受到管理者的重视，企业员工健康水平低下、人力资本投资结构不科学、员工健康管理不规范等相关问题亟待解决。

二、理论背景

近年来，健康人力资本研究在经济学领域受到了学者们的重点关注，主要内容包括测量体系和指标的构建、对个体收入和经济发展的影响分析等[1][2][3][4]。从本质上看，健康人力资本研究起源于三个相互关联的研究问题：其一，个人和政府在健康方面的最优投资选择以及Grossman理论模型框架[5]下的关于健康商品化的分析；其二，个体人力资本投资研究，即人们愿意为改善他们在不同年龄段生存的可能性而开展的健康投资[6]；其三，将健康与教育和其他类型的人力资本投资联系起来，并将健康投资视为其他人力资本的基础[7][8]。

经济学领域的研究成果表明，健康人力资本具有两方面的功能：一方面，

① 纪建悦，张懿，任文菲. 环境规制强度与经济增长：基于生产性资本和健康人力资本视角 [J]. 中国管理科学，2019，27（8）：57-65.

② 王弟海，李夏伟，黄亮. 健康投资如何影响经济增长：来自跨国面板数据的研究 [J]. 经济科学，2019（1）：5-17.

③ 许岩，曾国平，曹跃群. 教育人力资本、健康人力资本、总量人力资本对经济增长机制的实证检验 [J]. 统计与决策，2018（7）：109-113.

④ 余静文，苗艳青. 健康人力资本与中国区域经济增长 [J]. 武汉大学学报（哲学社会科学版），2019，72（5）：161-175.

⑤ GROSSMAN M. On the concept of health capital and the demand for health [J]. Journal of political economy，1972，80（2）：223-255.

⑥ MURPHY K M，TOPEL R H. The economic value of medical research [M]. Chicago：University of Chicago Press，2006.

⑦ BECKER G S. Health as human capital：synthesis and extensions [J]. Oxford economic papers，2007，59（3）：379-410.

⑧ MUSHKIN S J. Health as an investment [J]. Journal of political economy，1962，75（5）：129-157.

在宏观层面，健康人力资本增强了国民身体素质、优化了人口结构等，对国民经济发展起到了重要的保障作用和助推作用①；另一方面，在微观层面，健康投资对个体收入具有影响，这种影响很可能是相互的，即个体收入越高，其越会进行健康投资从而改善健康状况，而健康水平越高其收入可能也越高②③。健康投资对个体收入的影响在于：可以提高个体的健康水平，能为劳动者的体力、学习能力、认知活力等提供保障，进而改善其劳动生产率、劳动参与度等，这是资金、土地等传统资本无法体现的④⑤⑥。除此之外，如果从健康人力资本和教育人力资本协同作用的角度来看，健康人力资本能显著提升教育人力资本的累积效率、降低教育人力资本折旧率和健康人力资本折旧率，从而促进经济的持续稳定增长⑦⑧。

在组织管理领域中，人力资本理论受到了学者们的格外青睐。相关研究表明，人力资本所产生的积极性、主动性和创新性是企业正常经营与持续发展的基本保证，是企业获取持续竞争优势的重要来源，也是企业绩效的关键决定因素⑨⑩⑪。特别是在知识经济背景下，企业发展的战略重心从外部资源争夺转向内部资源开发，员工作为企业最重要的内部资源，如何激发蕴含在其身上的

① 毛振华，王健，毛宗福，等.加快发展中国特色的健康经济学 [J]. 管理世界，2020，36 (2)：17-26.

② 方亚，周瓅.收入与健康人力资本关系的理论与实证研究 [J]. 厦门大学学报（哲学社会科学版），2012 (1)：118-124.

③ 王引，尹志超.健康人力资本积累与农民收入增长 [J]. 中国农村经济，2009 (12)：26-33.

④ CASE A, ROUX I I. Menendez A. Medical compliance and income-health gradients [J]. The American economic review, 2004, 94 (2)：331-335.

⑤ 刘国恩，DOW W H，傅正泓，等.中国的健康人力资本与收入增长 [J]. 经济学（季刊），2004 (4)：101-118.

⑥ 于大川，潘光辉.健康人力资本与农户收入增长：基于 CHNS 数据的经验研究 [J]. 经济与管理，2013，27 (3)：25-29.

⑦ 许岩，曾国平，曹跃群.教育人力资本、健康人力资本、总量人力资本对经济增长机制的实证检验 [J]. 统计与决策，2018 (7)：109-113.

⑧ 张辉.健康对经济增长的影响：一个理论分析框架 [J]. 广东财经大学学报，2017，32 (4)：15-23.

⑨ CAMPBELL B A, COFF R, KRYSCYNSKI D. Rethinking sustained competitive advantage from human capital [J]. Academy of management review, 2012, 37 (3)：376-395.

⑩ CROOK T R, TODD S Y, COMBS J G, et al. Does human capital matter? A meta-analysis of the relationship between human capital and firm performance [J]. Journal of applied psychology, 2011, 96 (3)：443-456.

⑪ WANG T, ZATZICK C D. Human capital acquisition and organizational innovation：a temporal perspective [J]. Academy of management journal, 2019, 62 (1)：99-116.

经济价值并促使企业获取竞争优势、实现持续发展，是管理者重点关心的问题①②。员工身上蕴含的经济价值正是人力资本，即投资在教育、培训、保健等方面所形成的资本，较高人力资本能够激发更加积极的个人状态并促进组织的绩效产出③。

与此同时，健康本身也受到了组织管理研究者的关注。有学者指出，"工作场所的健康促进计划能够促进绩效"，这不是一句宣传口号，而是科学性的管理制度④。的确，健康的员工是多产的员工，组织也将因为员工健康水平上升而获益，对员工健康进行投资促进了组织的可持续性发展⑤⑥⑦。然而，以往研究虽然强调了人力资本和健康的重要性，但少有研究从人力资本的角度对员工健康问题进行考察，忽视了健康投资后健康本身的内部变化过程，从而导致对健康投资的作用效果缺乏准确的认识。

的确，学者们对人力资本的界定围绕着教育和培训展开，并以平均受教育年限、工作经验等指标进行测量⑧⑨⑩。缺乏对健康这类人力资本的投资会导致其他形式人力资本的收益变低，甚至消失殆尽。正如部分学者所说，"虽然定性层面的研究为人力资本的重要性提供了强有力的经验证据，但是仅以人力

① RAFFIEE J, COFF R. Micro-foundations of firm-specific human capital：when do employees perceive their skills to be firm-specific［J］. The academy of management journal, 2015, 59（3）：766-790.

② 刘善仕, 孙博, 葛淳棉, 等. 人力资本社会网络与企业创新：基于在线简历数据的实证研究［J］. 管理世界, 2017（7）：88-98.

③ WRIGHT P M, DUNFORD B B, SNELL S A. Human resources and the resource based view of the firm［J］. Journal of management, 2001, 27（6）：701-721.

④ DIMOFF J K, KELLOWAY E K, MACLELLAN A M. Health and performance：science or advocacy［J］. Journal of organizational effectiveness, 2014, 1（3）：316-334.

⑤ BAICKER K, CUTLER D, SONG Z. Workplace wellness programs can generate savings［J］. Health affairs, 2001, 29（2）：1-8.

⑥ COOPER C, BEVAN S. Business benefits of a healthy workforce［M］. West Sussex：Wiley, 2014.

⑦ 范晓倩, 于斌. 员工健康状况对亲组织行为的影响机制研究：社会认同视角［J］. 学海, 2019（4）：197-206.

⑧ FELÍCIO J, COUTO E, CAIADO J. Human capital, social capital and organizational performance［J］. Management decision, 2014, 52（2）：350-364.

⑨ UNGER J M, RAUCH A, FRESE M, et al. Human capital and entrepreneurial success：a meta-analytical review［J］. Journal of business venturing, 2011, 26（3）：350-358.

⑩ 许秀梅. 技术资本、人力资本如何提升公司绩效：来自大样本的多视角分析［J］. 科研管理, 2017, 38（5）：64-76.

资本为载体的受教育水平等背景特征信息来刻画人力资本价值的做法显然过于粗糙而不具有实际的参考价值"①。虽然有学者尝试将员工健康和人力资本理论进行结合②③④，但大多是理论性的探讨，缺乏从概念、结构、测量到产出的一系列系统性研究。

总的来看，健康人力资本在组织管理中的研究才刚起步，目前尚未有文献对其进行系统性的探索，其概念内涵和结构维度还没有达成共识；在测量方面也缺乏一套科学可行的测量量表来综合反映健康人力资本的水平；同时，现有研究对健康人力资本究竟有什么作用效果知之甚少，相关的实证研究还较为匮乏，学界对健康人力资本的提升也缺乏系统的研究。在此理论背景下，本书将以健康人力资本为研究主题，对其概念内涵、结构维度和测量体系进行探索，并分析其有效性，最后根据研究结论对提升健康人力资本的途径进行探讨。

第二节　研究意义

本书就健康人力资本展开系统性探索，不仅厘清了健康人力资本的概念内涵、结构维度、测量体系及有效性等基础性问题，还对健康人力资本的提升策略进行了考察。本书丰富了人力资本理论，为健康人力资本的后续研究打下了基础。不仅如此，本书通过证实健康人力资本的经济价值性，为组织优化人力资本投资结构、开展员工健康管理提供了指引。本书所做研究在理论和实践两个方面都具有重要意义。

一、理论意义

（一）关注人力资本构成中的健康成分，深化人力资本理论的内容

尽管如今关于人力资本的文献已经数不胜数，但大部分文献都是在研究教

① 罗进辉，李雪，黄泽悦.关键高管的人力资本价值评估：基于关键高管突然去世事件的经验研究 [J].中国工业经济，2016（5）：129-145.

② 何勤，王萌.企业员工健康管理现状分析及体系建立研究：从人力资本对企业可持续发展影响的视角 [J].商场现代化，2008（33）：311-312.

③ 沈晨光.人力资本理论与员工健康管理问题探讨 [J].商业经济研究，2017（22）：112-113.

④ 朱必祥，朱妍.基于人力资本投资视角的员工健康管理问题初探 [J].南京理工大学学报（社会科学版），2013，26（5）：35-40.

育类人力资本，而忽略了人力资本中的健康成分。有学者认为，造成健康人力资本研究严重匮乏的一部分原因是健康对相关结果的贡献不是特别显而易见，另一部分的原因是健康作为人力资本的概念依赖于教育或培训的概念①。国内有学者进一步认为，健康人力资本长期处于缺位状态的原因很可能是数据统计中衡量健康人力资本的变量难以准确识别和测度②。无论原因如何，我们都忽视了健康人力资本会影响人力资本理论的完整性。正如有学者指出，在实证研究中把人力资本狭义地等同于教育而忽略了健康因素，也是形成人力资本的一个关键因素的做法，可能会低估人力资本对经济增长的影响，也可能把健康以及人力资本的其他形成因素对经济增长的影响都归功于教育，从而高估了教育对经济增长的作用③。事实上，人力资本理论自一开始提出时便涉及对教育、职业培训、移民和健康的讨论，健康人力资本更是和教育人力资本一起被视为人力资本的两大支柱④。本书对健康人力资本进行系统性研究，弥补了相关研究匮乏的问题，深化了人力资本的理论内容。

（二）解决健康人力资本研究的概念内涵和结构维度等基础性问题

什么是健康人力资本？首先，从健康本身的角度来看，健康人力资本是健康具有经济价值的直接体现；从人力资本的角度来看，健康人力资本是具有保障性功能，且影响其他人力资本形式投资收益的基础性资本。根据 Schultz （1961）的论断，人力资本是蕴含在劳动者身上，由劳动者的知识、技能和体力所构成的资本，它既是资本的一种类型，也是一种生产出来的生产资料，还是投资的收益结果⑤。有学者指出，健康人力资本是指投入生产过程中的、能够带来产出效应的、由健康状况决定的劳动力的价值形态⑥。然而，这种界定是基于经济学领域投入产出的视角，并不适合完全引用到组织管理中。不仅如

---

① BECKER G S. Health as human capital: synthesis and extensions [J]. Oxford economic papers, 2007, 59 (3): 379-410.

② 吕娜. 健康人力资本与经济增长研究文献综述 [J]. 经济评论, 2009 (6): 143-152.

③ 杨建芳, 龚六堂, 张庆华. 人力资本形成及其对经济增长的影响: 一个包含教育和健康投入的内生增长模型及其检验 [J]. 管理世界, 2006 (5): 10-18.

④ MUSHKIN S J. Health as an investment [J]. Journal of political economy, 1962, 75 (5): 129-157.

⑤ SCHULTZ T W. Investment in human capital [J]. The American economic review, 1961, 51 (1): 1-17.

⑥ 汪泓, 张健明, 吴忠, 等. 健康人力资本指标体系研究 [J]. 上海管理科学, 2017, 39 (4): 30-34.

此，以往研究对健康人力资本的概念界定未能明晰它和"一般健康""健康投资"等的区别。本书对组织管理中的健康人力资本概念内涵的探索就显得尤为关键，为后续研究界定了概念基础。其次，根据世界卫生组织（WHO）对"健康"的界定，健康包含生理、心理和社会适应性三个维度。国内学者对"健康"概念的探讨不仅认可"健康"这种多维结果①，还进一步补充了"道德健康"这一维度②③④。然而，也有学者指出，道德健康是借WHO之名臆造的结果，其本质不是健康的一种维度⑤⑥。本书对此进行了分析，并在文献和访谈资料分析的基础上提出了自己的观点。本书通过质性研究和定量分析相结合的办法对健康人力资本的结构进行探索，更好地促进了人们对健康人力资本的理解。

（三）构建健康人力资本测量体系，并由此开发健康人力资本测量量表，为后续研究提供工具支持

有学者提出，健康人力资本之所以长期处于缺位状态，一个重要的原因便是受限于测量工具的缺失⑦。受制于测量体系的不完整，相关实证研究也未能将健康纳入人力资本投资的产出模型中⑧⑨。现有文献中，健康人力资本的测量主要采取指标体系构建的方法，包括四个方面：人体测量指标（authropometric variables）、存活率和死亡率（surviving and mortality）、发病率

① 黄奕祥. 健康管理：概念界定与模型构建 [J]. 武汉大学学报（哲学社会科学版），2011，64（6）：66-74.

② 肖霞. 道德健康教育研究 [D]. 济南：山东师范大学，2017.

③ 张学俊，王少林. 道德健康：和谐社会的重要基石 [J]. 西安欧亚学院学报，2006（2）：29-32.

④ 赵联. 试论道德健康视角下的个体、社会与教育 [J]. 教育研究与实验，2010（2）：57-60.

⑤ 杨同卫，封展旗，武宜金，等. "道德健康"辨驳：亦论道德与健康的关系 [J]. 医学与哲学，2019，40（1）：21-23.

⑥ 周围，杨韶刚. 借鸡生蛋与以讹传讹：道德健康概念的提出及其合理性分析 [J]. 上海教育科研，2008（11）：26-29.

⑦ 吕娜. 健康人力资本与经济增长研究文献综述 [J]. 经济评论，2009（6）：143-152.

⑧ DISSOU Y, DIDIC S, YAKAUTSAVA T. Government spending on education, human capital accumulation, and growth [J]. Economic modelling, 2016（58）：9-21.

⑨ GYIMAH-BREMPONG K, PADDISON O, MITIKU W. Higher education and economic growth in Africa [J]. The journal of development studies, 2006, 42（3）：509-529.

变量（incidence variables）和一般健康功能状态（general health functional status）①②。这些指标虽然较好地反映了一个国家或地区的整体健康人力资本水平，但无法具体到个人身上。换言之，以微观视角和中观视角为主的组织管理，无法沿用以上的测量指标。例如，经济学领域对健康人力资本一个常用的测量指标是出生死亡率，这显然不适合组织管理的研究。本书设计了健康人力资本的自评式量表，根据经典的量表开发步骤和程序在访谈资料与文献梳理的基础上形成初始条目，并两次收集数据进行净化和信效度检验，形成了健康人力资本测量量表。健康人力资本以往的测量体系主要采取自上而下的方式进行，且多采用客观的数据进行测量。本书主要基于员工个体的角度构建测量量表，形成了自下而上的测量体系，采取员工自评的方式进行测量。

（四）分析健康人力资本有效性，从实证研究的角度弥补了健康人力资本作用效果研究的空白

现有研究中，健康人力资本在个体层面的有效性并不是很清晰，仅探讨了对个人收入的影响；然而，个人收入不是组织管理研究中常见的产出类型，相比之下，学者们更关注于员工的态度和行为。因此，本书验证了健康人力资本对员工工作绩效和工作幸福感的影响。根据自我决定理论的观点，人们天生就具有成长和发展的动机倾向，并自觉努力地去面对持续的复杂挑战③④，且当个体的自主需求、能力需求和归属需求这三种基本心理需求得到满足时，人们便会获得更好的情感体验并有效地开展各种活动⑤。本书以此为基础，证实了健康人力资本对工作绩效和工作幸福感的正向促进作用，明晰了健康人力资本的作用效果。不仅如此，本书还发现工作强化可以改善健康人力资本的作用效果，即它是健康人力资本发挥功能的边界条件。

① THOMAS D, FRANKENBERG E. Health, nutrition, and productivity: a microeconomic perspective [J]. Bulletin of the world health organization, 2002, 80 (2): 106-113.

② 刘国恩, DOW W H, 傅正泓, 等. 中国的健康人力资本与收入增长 [J]. 经济学（季刊）, 2004 (4): 101-118.

③ DECI E L, OLAFSEN A H, RYAN R M. Self-determination theory in work organizations: the state of a science [J]. Annual review of organizational psychology & organizational behavior, 2017, 4: 19-43.

④ GAGNÉ M, DECI E L. Self-determination theory and work motivation [J]. Journal of organizational behavior, 2005, 26 (4): 331-362.

⑤ DECI E L, RYAN R M. The "what" and "why" of goal pursuits: human needs and the self-determination of behavior [J]. Psychological inquiry, 2000, 11 (4): 227-268.

（五）从组织、部门和个体三个层面分析健康人力资本的提升策略

从理论上讲，现有研究对健康人力资本的提升策略了解得较少，因为大部分研究集中于讨论健康人力资本的作用效果。例如，学者们很感兴趣的一个话题是提高一个单位的健康人力资本可以增加多少单位的国内生产总值（GDP），这种增量何时减弱，会不会直至消除①②。鉴于此，本书将健康人力资本的提升策略纳入健康人力资本的系统性研究中，这在一定程度上丰富了健康人力资本的研究框架。不仅如此，本书还根据组织层级的划分，从组织、部门和个体三个层面对健康人力资本的提升进行了讨论。本书对健康人力资本提升策略的探讨可以为后续的实证研究提供基础，即构建理论模型，将健康促进型领导、组织文化、自我健康管理意识等变量作为前因，分析其对健康人力资本的促进作用，以及相应的过程机制和边界条件。

二、实践意义

（一）明确健康人力资本的价值，增强管理者的健康投资意识

健康费用是管理成本还是战略投资？这个问题直接决定了员工健康管理被重视的程度以及所采取的实施方式。长久以来，员工的健康管理问题并未受到企业的足够重视，大多数企业对员工健康管理的内涵和意义还缺乏深入而准确的认知③④。企业一贯的做法是将员工的商业医疗保险计划、医疗费报销制度、健康体检等看作员工健康管理的全部内容，没能从健康人力资本投资的角度认识到企业对员工的健康投资与管理的价值⑤⑥。不可否认的是，健康管理具有见效慢、周期长、收益难以度量等特征，企业更倾向于投资教育等其他类型的

---

① 王弟海，李夏伟，黄亮. 健康投资如何影响经济增长：来自跨国面板数据的研究 [J]. 经济科学，2019 (1)：5-17.

② 王秀芝，易婷. 健康人力资本的收入效应 [J]. 首都经济贸易大学学报，2017，19 (4)：20-26.

③ 沈晨光. 员工健康管理问题研究的文献述评 [J]. 商业经济研究，2017 (24)：128-129.

④ 朱必祥，朱妍. 基于人力资本投资视角的员工健康管理问题初探 [J]. 南京理工大学学报（社会科学版），2013，26 (5)：35-40.

⑤ 何勤，王萌. 企业员工健康管理现状分析及体系建立研究：从人力资本对企业可持续发展影响的视角 [J]. 商场现代化，2008 (33)：311-312.

⑥ 沈晨光. 人力资本理论与员工健康管理问题探讨 [J]. 商业经济研究，2017 (22)：112-113.

人力资本①②。然而，本书发现，作为一种重要的人力资本，健康具有直接的产出价值。这与人力资本理论中对健康的探讨一致，即每个人的健康状况都是一种资本的储备，健康不仅能通过健康服务来发挥辅助性作用，其本身也具备资本的特性，对其投资可获得收益③。因此，本书为管理实践者提供了关于人力资本投资的新观点，优化了企业人力资本的投资结构。

（二）基于健康人力资本视角的工作绩效和工作幸福感管理

本书发现，健康人力资本促进了员工工作绩效和工作幸福感的提升。工作绩效是员工创造价值的直接体现；而工作幸福感是员工在组织中体验到快乐、愉悦、高兴等一系列感受的综合，不仅改善了离职率上升、职业倦怠等消极现象，还能提升工作效率、组织公民行为等④⑤，它们共同支撑起了组织的良性发展。相较于传统的通过组织支持、工作重塑、培训等方式来实现工作绩效的提升，管理者还可以从健康投资的角度进行思考和制度设计。相应地，除了采用提高组织公平⑥、建立和谐人际关系⑦等方式，管理者还可以通过健康促进的方式提高员工的工作幸福感。如何提高工作绩效和工作幸福感，不仅是管理者的日常工作，还是其重点思考的问题。本书认为，管理者应从健康人力资本的角度切入，对员工进行日常工作管理，重视员工的身心健康问题。例如，管理者应该鼓励员工进行适当的健身活动，有条件的企业还可以修建健身馆，或是为员工提供指定场所的健身卡。身体锻炼对员工的积极情感、工作投入等有

① ZIVIN J G NEIDELL M. Environment, health, and human capital [J]. Journal of economic literature, 2013, 51 (3): 689-730.

② 徐倩，谢勇. 健康与教育：人力资本投资的比较研究 [J]. 市场与人口分析, 2004 (1): 61-66.

③ SCHULTZ T W. Investing in people: the economics of population quality [M]. Berkeley: University of California Press, 1982.

④ ROTHAUSEN T J, HENDERSON K E, ARNOLD J K. et al. Should I stay or should I go? Identity and well-being in sensemaking about retention and turnover [J]. Journal of management, 2017, 43 (7): 2357-2385.

⑤ SONNENTAG S. Dynamics of well-being [J]. Annual review of organizational psychology & organizational behavior, 2015, 2 (1): 261-293.

⑥ 郑晓明，刘鑫. 互动公平对员工幸福感的影响：心理授权的中介作用与权力距离的调节作用 [J]. 心理学报, 2016, 48 (6): 693-709.

⑦ CROSS S E, MORRIS M L. Getting to know you: The relational self-construal, relational cognition, and well-being [J]. Personality and social psychology bulletin, 2003, 29 (4): 512-523.

促进作用，这种健康人力资本的提升方式对自身的幸福感和绩效均有促进作用①②。总而言之，本书为管理者和员工都带来了关于健康的新启示，更为具体的措施将在管理实践启示章节加以讨论。

（三）厘清工作强化的干预作用，指引组织合理进行工作设计，并为管理者准确采取"施压"和"释压"提供参考

在管理实践中，愈演愈烈的竞争环境促使公司试图缩短产品周期，加快决策与生产过程，以获取竞争优势。特别是在我国目前处于经济转型升级的大背景下，强化工作更是普遍存在，带来的典型后果包括员工角色超载③、压力增大、劳动时间延长、工作强度提升等④⑤⑥。这些改变加剧了员工自身的压力和负担，导致了一系列消极的后果，如过度劳动、幸福感降低等⑦⑧。这种局面对组织和管理者提出了挑战，准确把握工作强化的程度非常关键。本书表明，在高工作强化情境下，健康人力资本对基本心理需求满足的促进作用会降低；而在低工作强化情境下，健康人力资本会使得员工在能力需求、自主需求和归属需求三方面都得到提升，最终提高工作绩效和工作幸福感。也就是说，一味地强调工作时间和劳动强度的工作设计很可能导致不良后果，但不进行工作强化又如何应对日益复杂的市场环境和日益激烈的竞争氛围？本书认为，相较于采取工作强化这种具有潜在风险的工作设计模式，企业可通过提高健康人力资本，促进员工在身

①　SONNENTAG S, BINNEWIES C, MOJZA E J. "Did you have a nice evening?" A day-level study on recovery experiences, sleep, and affect [J]. Journal of applied psychology, 2008, 93 (3): 674-684.

②　BENNETT A A, GABRIEL A S, CALDERWOOD C, et al. Better together? Examining profiles of employee recovery experiences [J]. Journal of applied psychology, 2015, 101 (12): 1635-1654.

③　角色超载是指当个体缺乏必要的能力与技能或足够的时间而无法顺利完成各种角色需要时所体验到的一种角色压力。

④　陈笃升, 王重鸣. 组织变革背景下员工角色超载的影响作用：一个有调节的中介模型 [J]. 浙江大学学报 (人文社会科学版), 2015, 45 (3): 143-157.

⑤　李爱梅, 颜亮, 王笑天, 等. 时间压力的双刃效应及其作用机制 [J]. 心理科学进展, 2015, 23 (9): 1627-1636.

⑥　林忠, 郑世林, 夏福斌, 等. 组织变革中工作压力的形成机理：基于国有企业样本的实证研究 [J]. 中国软科学, 2016, 303 (3): 84-95.

⑦　TETRICK L E, WINSLOW C J. Workplace stress management interventions and health promotion [J]. Annual review of organizational psychology & organizational behavior, 2015, 2: 583-603.

⑧　石建忠. 过度劳动理论与实践：国外经验、中国现状和研究展望 [J]. 人口与经济, 2019 (2): 105-118.

体机能、心理品质和职业适应性方面的能力的提升，以实现高工作绩效和工作幸福感。

（四）通过分析如何提高健康人力资本，为组织提供一个全面、系统的健康人力资本的提升策略体系

健康人力资本缺乏会导致不良后果是多数管理实践者都达成共识的，但同时他们也表示自己在改善健康人力资本方面束手无策。从普通员工到企业高管都清楚健康人力资本的意义，特别是近年来随着越来越多有关高管猝死、青年教师离世等新闻不断被报道，人们更是将健康的意义提升到了新高度。事实上，不只是个体对健康人力资本的重视程度与日俱增，国家层面也在进行政策改革，如《"健康中国2030"规划纲要》等一系列政策文件的出台。从企业整体的角度来看，骨干员工、关键员工、高管等的离世或病休对企业的影响是巨大的，甚至是致命的。因此，本书的一个重要实践意义在于从组织、部门和个体三个层面提出了健康人力资本的提升策略。不仅如此，本书还提出了提升策略是可以直接落地的，可为管理实践者提供重要的参考。

第三节 研究相关要素

一、研究内容

从对现有文献进行分析可以发现，健康人力资本是人力资本理论中的重要组成部分，但在组织管理中未受到足够重视，长期处于缺位状态。为此，我们对健康人力资本的考察应当是系统性的、全面的、科学的。本书认为，健康人力资本的研究至少需要探索五个问题：一是如何界定健康人力资本；二是健康人力资本的结构维度是怎样的；三是怎么测量健康人力资本；四是健康人力资本能否提高员工工作绩效和工作幸福感；五是这种提高的过程机制和边界条件是什么。概而言之，本书包含四个内容，即厘清健康人力资本的概念内涵和结构维度、开发健康人力资本测量工具、考察健康人力资本的作用效果以及如何提高健康人力资本。

（一）构建健康人力资本在组织管理中的概念内涵和结构维度

现有研究并没有对健康人力资本的概念内涵进行深入探索，只是简单将其

视为人力资本的一种形式，或者一般健康的资本化。这种简单的认识是不够的，因为健康本身是一个复杂的概念，它在经济学、卫生学、生物学和社会学中有不同的界定①②。例如，从经济学上讲，健康被视为一种重要的可行能力和个体发展的目标之一，它体现出了内在价值，同时，健康也被认为是一种能力和工具，因为它对个体其他各方面都有着不同程度的工具性价值③。根据WHO的界定，健康是身体、精神和社会之良好状态，而不只是没有疾病或羸弱，也就是说，健康包含生理、心理和职业适应性三个维度。这是对健康结构维度的探索迈出的重要一步，它将单维度的无疾病结构拓展到了包含心理健康和具有良好职业适应性的三维度结构。然而，人力资本理论视角下的健康包含什么结构维度、与普遍意义上的健康有什么区别以及具体到组织管理情境中又有什么变化等一系列问题还需要我们进一步探索。本书将详细梳理现有研究对健康和健康人力资本概念内涵及结构维度的讨论，并厘清一些争议，在此基础上具体到组织情境中，对深度访谈所获取的资料进行整理并逐级编码以提取其内涵和结构。本书还对健康人力资本的结构进行了定量研究，即在收集的一手问卷数据基础上，采用一系列统计分析手段证实其结构的合理性。

（二）构建测量体系与量表开发

在厘清健康人力资本概念内涵和结构维度的基础上，本书将构建健康人力资本的测量体系，并形成一级指标和二级指标。此外，在对经济学领域相关研究进行梳理后发现，健康人力资本测量指标包括人体测量指标、存活率和死亡率、发病率变量以及总体健康功能状态等④⑤，但这些指标显然无法运用到组织管理研究中去。由于经济学中将健康视为一种耐用品（durable good），健康

① 韩优莉. 健康概念的演变及对医药卫生体制改革的启示 [J]. 中国医学伦理学, 2011, 24 (1): 84-85.

② 黄奕祥. 健康管理：概念界定与模型构建 [J]. 武汉大学学报（哲学社会科学版）, 2011, 64 (6): 66-74.

③ 董希望, 王弟海. 经济学中的"健康"：定义和度量：学科比较的视角 [J]. 福建论坛（人文社会科学版）, 2014 (12): 19-26.

④ SCHULTZ T P. Productivity benefits of improving health: evidence from low-income countries [D]. New Haven: Yale University, 2001.

⑤ THOMAS D, FRANKENBERG E. Health, nutrition, and productivity: a microeconomic perspective [J]. Bulletin of the world health organization, 2002, 80 (2): 106-113.

存量在个体的一生中不断被消费，而存量的初始值和消费的程度是因人而异的①②。也就是说，健康人力资本不同于教育人力资本可以用受教育程度等指标进行直接度量，而是一种明显因人而异的个体状态。因此，本书设计了自评式健康量表。自评是被广泛认可的一种评价健康的方式，如诺丁汉健康量表（nottingham health profile，NHP）、欧洲五维健康量表（EQ-5D）、症状自评量表（symptom checklist 90，SCI-90）等。本书通过对访谈资料进行文本分析、参考现有相关量表等方式生成健康人力资本的测量条目，并邀请相关专家进行讨论和分析，形成预测试量表；通过问卷发放获取数据，采取严谨的统计方法对预测试量表进行净化和信效度检验，最终形成正式的健康人力资本测量量表。

（三）探索健康人力资本的作用效果

在完成构建健康人力资本概念内涵、结构维度和测量体系的工作之后，本书还将探讨健康人力资本对组织和员工关心的一些结果变量的作用效果。本书采用人力资源管理和组织行为学的研究范式，结合自我决定理论，将工作绩效和工作幸福感作为健康人力资本的两种作用效果，前者是一系列有价值的工作行为的集合，后者是员工工作体验和工作满意度的综合反映，这符合组织管理注重员工态度和行为改变的逻辑。从自我决定理论的视角出发③④⑤，本书认为健康人力资本促进工作绩效和工作幸福感的原因在于健康人力资本满足了个体的自主需求、能力需求和归属需求这三种基本心理需求，而基本心理需求的满足促使个体获得更好的工作体验并以积极行为回应。为了将各种关系梳理得更加清晰，本书除了探索变量之间的关系外，还将具体到各个维度之间，考察

---

① GROSSMAN M. On the concept of health capital and the demand for health [J]. Journal of political economy，1972，80（2）：223-255.

② 黄奕祥. 健康管理：概念界定与模型构建 [J]. 武汉大学学报（哲学社会科学版），2011，64（6）：66-74.

③ DECI E L，RYAN R M，GAGNE M，et al. Need satisfaction，motivation，and well-being in the work organizations of a former Eastern Bloc country：a cross-cultural study of self-determination [J]. Personality and social psychology bulletin，2001，27（8）：930-942.

④ DECI E L，OLAFSEN A H，RYAN R M. Self-determination theory in work organizations：the state of a science [J]. Annual review of organizational psychology & organizational behavior，2017，4：19-43.

⑤ GAGNÉ M，DECI E L. Self-determination theory and work motivation [J]. Journal of organizational behavior，2005，26（4）：331-362.

其内部结构的连接关系。

此外，本书还将考察工作强化对以上过程的干预机制。作为竞争日益激烈的市场环境下的一种管理实践现实，工作强化越来越常见，尽管它受到了诸多学者的质疑①②。工作强化最明显的两个特征是劳动强度增加和工作时间延长，本书将考察在高工作强化的情境下，健康人力资本对员工基本心理需求满足过程中将受到何种干预，以及在低工作强化情境下，该过程又将如何变化。总而言之，本书通过构建一个被调节的中介模型，验证健康人力资本对工作绩效和工作幸福感的影响以及相应的机制。为此，本书收集了多时点和多源的嵌套数据，采用 Mplus 7.4 等统计分析软件，验证健康人力资本通过满足个人基本心理需求进而提高个人工作绩效和工作幸福感的过程，以及工作强化对该过程的调节作用。

（四）从组织层面、团队层面和员工层面对健康人力资本的提升策略进行论证

在就健康人力资本的概念内涵、结构维度、测量体系和作用效果进行了系统性研究后，本书结合实地访谈的见闻、资料以及相关的文献，就健康人力资本的提升策略进行阐述。为了使相关的提升策略显得更有逻辑性，本书从组织层面、团队层面和员工层面以由高到低的组织层级顺序做出阐述。在组织层面，本书重点从制度设计的思想上和制度设计的全面性、全员性两方面进行分析；在团队层面，本书首先分析了健康管理制度的执行情况，其次就健康促进型领导这一专门的领导方式进行了详细的分析；在员工层面，本书首先探讨了员工自我健康管理意识的建立，即观念和知觉两方面，其次分析了具体的行为表现。

二、结构安排

如前所述，本书就健康人力资本进行系统性研究，包含了健康人力资本的结构维度、测量体系、量表开发、作用效果和提升策略等。本书既包含了质性

---

① 石建忠. 过度劳动理论与实践：国外经验、中国现状和研究展望 [J]. 人口与经济，2019（2）：105-118.

② 赵慧星，王娟娟. 中国情境的工作强化研究：结构探索与量表开发 [J]. 经济管理，2019，41（5）：192-208.

研究，也包含了定量研究，其中前者主要针对健康人力资本概念内涵和结构维度的探索，以及测量量表的初始条目构建；后者主要针对健康人力资本测量量表的验证、测量工具的信效度分析和健康人力资本的有效性检验。

基于以上研究内容，全书共分为七个部分，结构安排如下：

第一章绪论，是本书内容的总体概述。本章首先从研究背景入手，提出了拟研究的问题，阐明了研究的理论意义和现实意义，即为什么做这项研究，以及该研究带来的价值；其次概括了研究的主要内容；再次对本书拟采用的研究方法、研究的技术路线做出说明，即采用什么逻辑思路以及如何科学地开展这项研究；最后探讨了本书的创新点。

第二章理论基础与文献综述，首先对健康人力资本的相关理论基础进行了详细回顾和评述，包括人力资本理论和健康功能理论；其次对健康人力资本的研究进行了整体述评。

第三章健康人力资本的概念内涵与结构维度，在文献综述的基础上设计了一项质性研究，即开展实地访谈，获取访谈资料，并对访谈资料进行编码和提炼，对健康人力资本的概念内涵进行探索。同时，在文献梳理和访谈资料的基础上，本章还对健康人力资本的结构进行了分析，并对所提取的健康人力资本结构维度进行了详细阐述。

第四章健康人力资本的测量体系与量表开发，在质性研究的基础之上，确定了健康人力资本的操作性定义和潜在的结构维度，由此形成多级指标的测量体系。本章还从管理学的角度对测量体系进行运用，即开发员工自评的测量量表：首先，就量表设计的总体思路进行了概述；其次，在文本分析的基础上，提取量表的测量条目，并邀请相关专家进行讨论和修订；再次，向企业员工发放问卷调查，收集样本数据，利用科学的统计分析方法对量表的条目进行净化并验证信效度；最后，对健康人力资本的测量体系进行讨论。

第五章健康人力资本的有效性研究，采用人力资源管理和组织行为学的研究范式，在相关的理论基础之上，深入分析了各个变量之间的内在逻辑，以基本心理需求满足为中介变量，以工作强化为调节变量，构建了一个有调节的中介模型，并提出相应的理论假设。本章对理论模型的构建还包括各变量所含维度间的详细关系。此外，本章通过收集一手数据，对各个假设进行了实证检验。

第六章健康人力资本的提升策略，从组织、部门和员工三个层面详细地探讨了如何提升健康人力资本，包括员工健康管理制度设计时的顶层设计、健康促进型领导的激励和员工自我的健康管理等。本章对于构建一个完整、系统的健康人力资本研究内容起到了重要作用，也是提升员工健康人力资本水平、优化企业人力资本投资结构、促进健康中国在企业中科学落地的关键举措。

第七章讨论与展望，首先阐述了本书的理论贡献，并从理论上探讨了本书的研究价值；其次提出了对企业管理实践的建议，以更好地服务于管理实践；最后讨论了本书存在的局限和有待进一步探讨的问题。

三、研究方法

（一）文献研究法

我们重点在国内外顶尖的管理学、健康经济学、心理学和卫生学等领域的相关期刊中收集文献，以健康人力资本、人力资本理论、自我决定理论为主，主要的期刊包括：*Academy of Management Journal*（AMJ）、*Journal of Management*（JOM）、*Journa of Organizational Behavior*（JOB）、*Journal of Applied Psychology*（JAP）、*Journal of Health Economics*（JHE）、*Journal of Occupational Health Psychology*（JOHP）以及《管理世界》《经济研究》《南开管理评论》《中国心理卫生杂志》等。我们采用 Mendeley 文献整理软件进行整理，以方便查阅和标记。我们对健康人力资本的相关研究进行了梳理和归纳，掌握健康人力资本的理论背景、研究现状和研究趋势；在方法上就量表开发、统计分析等相关文献进行了阅读和学习。此外，我们还对人力资本理论、健康功能理论、自我决定理论、工作绩效、工作幸福感、工作强化等现有研究文献进行了系统性梳理和分析；通过阅读并归纳前人的研究成果，进一步掌握相关领域的研究进展，为后续研究打下了坚实的基础。

（二）深度访谈法

深度访谈法（in-depth interview）是质性研究的一种典型方法，主要通过访谈者和被访谈者交谈的方式来收集相关的研究资料和数据[①]。除了从文献中

---

① 孙晓娥. 深度访谈研究方法的实证论析 [J]. 西安交通大学学报（社会科学版），2012，32（3）：101-106.

发现研究问题和研究空白外，深度访谈还是接近问题本质的另一重要方法。一般来说，质性研究中的深度访谈法采用非结构化的方式进行，即访谈者根据实际情况，对问题进行弹性处理，不完全按照访谈提纲进行，可根据访谈情况即时调整和追加问题。深度访谈法的优势在于它同时为访谈者和被访谈者提供一定的自由度来共同交流和讨论主题问题。深度访谈法既能脱离文献束缚，又能接近问题本质，特别是在中国组织情境中，发源于欧美的管理理论并不完全适用于中国情境，要了解管理问题的本质应当进行实地考察，以避免"知"和"行"的分离①②。

（三）文本分析法

文本分析法是对资料内容从浅层到深层的探寻过程，它是在深度访谈获得大量文本信息之后对其进行的系统性处理。文本分析法的核心是编码（coding），它表示对访谈文本资料按照多个分类逻辑进行归纳和总结，是一个将大量文本信息浓缩、提炼、精简并总结的过程③。文本旨在通过编码实现将访谈获得的"表面事实"进一步梳理为"深度事实"。扎根理论（the grounded theory）提供了三种文本编码程序，即经典编码程序、程序化编码程序和建构型编码程序④。根据本书的具体情况，我们选择程序化编码程序进行操作，按照"开放式编码—主轴编码—选择性编码"的逻辑顺序对文本资料进行分析，以获得相关的定性逻辑和推断⑤。这种编码方式在探索概念和结构维度时具有很高的适用性，特别适合有前期探索但内涵与外延尚不明确或存在争议的理论概念的研究⑥⑦。

① 贾旭东，衡量. 基于"扎根精神"的中国本土管理理论构建范式初探 [J]. 管理学报，2016, 13（3）：336-346.

② 徐淑英，张志学. 管理问题与理论建立：开展中国本土管理研究的策略 [J]. 南大商学评论，2005（7）：1-18.

③ NEUENDORF K A. The content analysis guidebook [M]. London：Sage Publications, 2016.

④ 贾旭东，衡量. 基于"扎根精神"的中国本土管理理论构建范式初探 [J]. 管理学报，2016, 13（3）：336-346.

⑤ STRAUSS A, CORBIN J. Basics of qualitative research [M]. London：Sage Publications, 1990.

⑥ 苑炳慧，辜应康. 基于顾客的旅游目的地品牌资产结构维度：扎根理论的探索性研究 [J]. 旅游学刊，2015, 30（11）：87-98.

⑦ 姚延波，张丹，何蕾. 旅游企业诚信概念及其结构维度：基于扎根理论的探索性研究 [J]. 南开管理评论，2014, 17（1）：113-122.

（四）统计分析法

本书的统计分析法包括两个方面：一是从问卷调查中获得统计分析数据；二是利用统计软件进行统计分析。首先，为了验证本书提出的理论模型并检验研究假设，我们采用问卷调查法进行数据收集。问卷调查法是根据一种理论研究假设，再据此随机抽样加以验证的科学方法，被学者们广泛运用于管理学研究中[1]。本书对理论模型中的各个变量进行了操作化界定并选择了合适的测量工具，其中，国外的量表采用了经典的"翻译—回译"程序以提高翻译准确性[2]。本书收集了多时点的团队嵌套数据，首次发放 1 007 份问卷，剔除无效问卷并进行团队匹配后最终样本为 591 份，嵌套在 91 个团队中。

在统计分析方面，本书采用 SPSS22.0 软件和 Mplus7.4 软件对定量数据进行处理，主要涉及几个方面：①描述性统计，主要是对各变量的平均值、标准差、人口统计特征变量等进行统计分析，从而描述各变量数据的基本特征，并对数据质量进行判断；②验证性因子分析，主要采用竞争性因子模型的思路，从五因子的假设模型到单因子的模型逐一进行对比；③路径分析，主要根据经典的路径分析思路[3]，对各个假设的路径进行验证，包括主效应检验、中介效应检验、调节效应检验和被调节的中介效应检验。

四、技术路线

本书遵循"现实问题与文献回顾—质性研究—量表开发—理论模型构建—实证研究—结论—提升策略、理论贡献与管理启示—未来研究展望"的科学研究路径，具体的技术路线如图 1-1 所示。

---

① 郑晶晶. 问卷调查法研究综述 [J]. 理论观察，2014（10）：102-103.

② BRISLIN R W. Translation and content analysis of oral and written materials [M]. Boston，MA：Allyn and Bacon，1980.

③ EDWARDS J R，LAMBERT L S. Methods for integrating moderation and mediation：a general analytical framework using moderated path analysis [J]. Psychological methods，2007，12（1）：1-22.

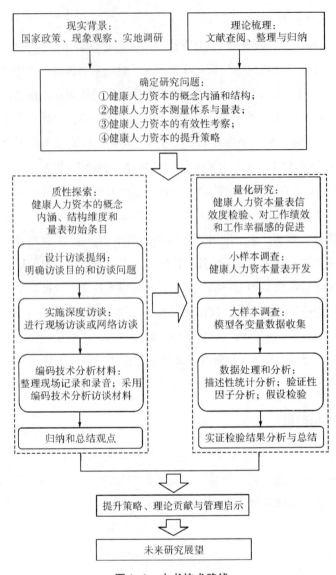

图 1-1　本书技术路线

五、主要创新点

（一）不同于以往单纯地将人力资本视为知识、技能和能力等，本书关注人力资本构成中的健康成分

长期以来，"教育人力资本"在一定程度上被视为"人力资本"的代名词。在经济学领域，虽然有关健康人力资本的研究受到了一些学者的关注并取得了一定进展，但相比教育人力资本，健康人力资本的研究还处于落后状态。在组织管理领域中，健康人力资本的研究较为匮乏，现有文献普遍将知识、技能、能力和其他作为人力资本的结构及测量内容，鲜有学者考察健康这一重要的成分①②③④。本书则关注到健康这一人力资本的重要成分，事实上，健康人力资本在人力资本理论形成初期便被视为和教育人力资本具有同等重要的作用⑤⑥。因此，从这个角度来看，本书的研究主题具有创新性，为当前人力资本理论和相关实证研究提供了新颖的视角。

（二）突破以往采用客观指标构建测量体系的方式，本书开发了主观感知的自评式健康人力资本测量量表

开发测量工具是健康人力资本研究的核心内容之一。与以往通过客观指标构建测量体系这一普遍做法不同的是，本书开发了一套由员工自评的主观感知测量体系。正如前文所述，经济学领域中的测量体系无法照搬到组织管理中，开发健康人力资本的测量量表是一项具有创造性的开拓工作。因此，本书根据

① BAPNA R, LANGER N, MEHRA A, et al. Human capital investments and employee performance: an analysis of IT services industry [J]. Management science, 2013, 59 (3): 641-658.

② PLOYHART R E, NYBERG A J, REILY G, et al. Human capital is dead: long live human capital resources [J]. Journal of management, 2014, 40 (2): 371-398.

③ PLOYHART R E, MOLITERNO T P. Emergence of the human capital resource: a multilevel model [J]. Academy of management review, 2011, 36 (1): 127-150.

④ 程虹. 管理提升了企业劳动生产率吗?: 来自中国企业劳动力匹配调查的经验证据. 管理世界, 2018 (2): 80-92.

⑤ MUSHKIN S J. Health as an investment [J]. Journal of political economy, 1962, 75 (5): 129-157.

⑥ SCHULTZ T W. Investment in human capital [J]. The American economic review, 1961, 51 (1): 1-17.

经典的量表开发程序①，并参考其在实际运用中的过程②③④⑤，开发了员工自评的健康人力资本测量量表。此外，在进行量表设计时，本书与以往直接构建测量条目的研究不同，综合了文献分析和访谈资料分析的结果，并且重点强调了量表开发的理论基础和设计逻辑。

（三）基于自我决定理论，考察健康人力资本对工作绩效和工作幸福感的作用机理和边界条件

在健康人力资本作用效果方面，现有文献着重考察健康人力资本对收入分配和经济增长的作用，典型的范式是将健康纳入相应的计量模型加以论证（如 Ramsey 模型⑥、M-R-W 增长模型⑦和 Barro 三部门内生增长模型⑧）。这类研究可归纳为构建计量模型，采用二手数据探索健康人力资本作用效果的研究，重点强调健康人力资本和相关经济指标的关系，但对相关的理论基础和过程机制重视程度不高。本书则基于自我决定理论提出了健康人力资本对员工作用效果的理论模型。本书采用人力资源管理和组织行为学的研究范式，将健康人力资本和工作绩效、工作幸福感联系在一起，并根据自我决定理论的观点对

① HINKIN T R. A brief tutorial on the development of measures for use in survey questionnaires ［J］. Organizational research methods，1998（1）：104-121.

② HOEHLE H，VENKATESH V. Mobile application usability：conceptualization and instrument development ［J］. Mis quarterly，2015，39（2）：435-472.

③ KAPOUTSIS I，PAPALEXANDRIS A，TREADWAY D C，et al. Measuring political will in organizations：theoretical construct development and empirical validation ［J］. Journal of management，2017，43（7）：2252-2280.

④ OWENS B P，BAKER W E，SUMPTER，M D，et al. Relational energy at work：implications for job engagement and job performance ［J］. Journal of applied psychology，2016，101（1）：35-49.

⑤ 潘煜，高丽，张星，等. 中国文化背景下的消费者价值观研究：量表开发与比较 ［J］. 管理世界，2014（4）：90-106.

⑥ 王弟海. 健康人力资本、经济增长和贫困陷阱 ［J］. 经济研究，2012，47（6）：143-155.

⑦ 王文静，吕康银，王迪. 教育人力资本、健康人力资本与地区经济增长差异：基于中国省际面板数据的实证研究 ［J］. 经济与管理，2012，26（9）：88-93.

⑧ 张辉. 健康对经济增长的影响：一个理论分析框架 ［J］. 广东财经大学学报，2017，32（4）：15-23.

其关系进行了理论解释①②③，发现基本心理需求起到了中介作用。不仅如此，本书还创新性地考察了以上过程的干预机制，即工作强化作为一种日益普遍的管理现象④，干预了健康人力资本对员工工作绩效和工作幸福感的影响过程。以上的理论推导和实证检验既建立在健康人力资本现有研究的基础之上，也对其研究层次、过程机制及作用效果等带来了新的理论视角和研究结论。

（四）关注到健康人力资本的提升策略，提出了"三层次"的系统化对策思路

从健康人力资本的现有研究来看，学者们更关心的内容是健康人力资本的作用效果，如对个体劳动效率的提升和对地区教育人力资本的促进作用。不可否认，健康人力资本的提升会为国家、地区、组织和个体带来诸多影响，但一个很重要的问题是究竟应该如何提高健康人力资本，这一问题在现有研究中往往被忽略。本书基于管理学的视角，以员工个体为主要切入对象，从组织、部门和个体三个层面提出了健康人力资本提升的策略，既涉及个体的健康管理，也包含健康促进型领导，乃至整个组织的健康人力资本顶层设计。因此，本书创新性地对现有文献进行了丰富，也为健康人力资本的系统性研究提供了一个切入点。

① DECI E L, RYAN R M. The "what" and "why" of goal pursuits: human needs and the self-determination of behavior [J]. Psychological inquiry, 2000, 11 (4): 227-268.

② GAGNÉ M, DECI E L. Self-determination theory and work motivation [J]. Journal of organizational behavior, 2005, 26 (4): 331-362.

③ 赵燕梅，张正堂，刘宁，等. 自我决定理论的新发展述评 [J]. 管理学报, 2016, 13 (7): 1095-1104.

④ 赵慧军，王娟娟. 中国情境的工作强化研究：结构探索与量表开发 [J]. 经济管理, 2019, 41 (5): 192-208.

第二章　理论基础与文献综述

第一节　相关理论

一、人力资本理论

工业时代以来，人类的生产力系统发生了三次重大变革：机械化生产代替了手工业生产、科学技术代替了生产经验、专业技术训练代替了师徒相授，这些变革导致科技、知识、技术、能力和健康等在生产中的作用越来越大。由于知识、技术和能力等都以人为载体，弗朗斯瓦·魁奈、威廉·佩蒂、亚当·斯密等经济学家直接指出人本身就是创造财富的首要因素，人力资本的思想由此产生。Schultz（1961）第一次系统地阐述了人力资本理论，认为人力资本是个体的体力、知识、技能、健康水平等之和，他的分析证明了人力资本在经济增长中的决定性作用，极大地推动了人力资本理论的发展[①]。另一位对人力资本理论做出巨大贡献的是 Becker（1962），他将人力资本的研究进一步拓展到微观领域，将其定义为个体通过对学校教育、在职培训或其他经历的投入而获得的知识与技能[②]。他的研究区分了人力资本的投入和产出，即前者强调个体的经历，如教育经历或工作经历，这些经历可能带来知识和技能的增长；而后者

---

①　SCHULTZ T W. Investment in human capital [J]. The American economic review, 1961, 51 (1)：1-17.

②　BECKER G S. Investment in human beings：a theoretical analysis [J]. Journal of political economy, 1962, 70 (5)：9-49.

则强调获取到的知识和技能。人力资本的作用很快得到了证实，有学者发现，美国 1929—1957 年的经济增长有 23% 归功于教育的发展，这期间由于人们的受教育水平的提高，劳动力的平均质量提高了 0.9 个百分点，对国民收入增长率的贡献是 0.67%，占人均国民收入增长的 42%[①]。

总体来看，人力资本理论包含以下三个核心内容：

第一，人力资本的形成需要进行投资，用于投资的成本可以是金钱、时间或其他稀缺资源。人力资本有五种投资形式，分别为：①卫生设施和健康服务，包括影响人民预期寿命、体力、精力和生机的一切开支；②在职培训，包括公司组织的学徒制、技艺学习等；③正式的学历教育，包括在学校接受的初等教育、中等教育和高等教育；④非公司组织的成人学习项目，包括社会推广项目；⑤个人和家庭的迁移，包括以适应不断变化的工作机会[②]。人力资本的投资和物质资本的投资一样需要付出成本，但人力资本投资的收益往往比物质资本投资的收益更难准确衡量。

第二，人力资本对国民收入和经济发展的促进作用比物质资本的增加更为明显。在人类生产模式的多次变革之下，知识、技艺、科学等蕴含在个人身上的生产要素越来越重要，相较于固定的厂房、土地等资本，人力资本是促进劳动生产率不断提高的核心原因[③]。人力资本还能通过生产、消费、投资和储蓄等直接或间接地刺激经济增长。由于人力资本促进经济增长的过程和机制是极为复杂的，现有研究通常会从某一具体的视角切入。例如，有研究将人力资本和技术发展纳入经济增长内生模型中，发现人口增长对经济增长有积极的影响，而人口规模对经济增长的影响则不显著[④]。在组织管理中，人力资本投资也被视为提高企业绩效的核心因素，其作用效果大于物质资本的收益。例如，

① DENISON E F. Sources of economic growth in the United States and the alternatives before us [M]. New York：Committee for Economic Development，1962.

② SCHULTZ T W. Investment in human capital [J]. The American economic review，1961，51 (1)：1-17.

③ 王士红. 人力资本与经济增长关系研究新进展 [J]. 经济学动态，2017 (8)：124-134.

④ ROMER P M. Endogenous technological change [J]. Journal of political economy，1990，98 (5)：71-102.

有研究发现，人力资本投资和物质资本投资均与企业绩效有明显正相关，由于企业所属行业的不同，人力资本投资和物质资本投资的贡献率有所不同，但人力资本投资大于物质资本投资的边际贡献率[①]。

第三，教育和健康是人力资本的两大支柱。根据 Schultz（1961）的研究，教育投资增长的收益在劳动收入中占到了 70%，在国民收入中占到了 33%[②]。而健康人力资本和教育人力资本一起共同构成了人力资本的两大基石，因为健康具有保健功能，它是其他人力资本形式存在的根基，同时还能影响其他人力资本的收益。的确，与教育人力资本一样，健康服务是个人生活的一部分，是其工作效率的一部分，可以将教育或卫生计划带来的未来劳动力产品增长量化到对当期的人力资本投资程度[③]。在一项健康和教育的对比研究中，教育人力资本被证实对经济增长有重要的作用，而提高劳动者的健康人力资本，可保证其持续的人力资本投入，进而有利于促进该地区的经济增长[④]。有学者还指出，健康人力资本在经济增长的过程中发挥着基础性作用，协同教育人力资本成为一国经济增长的原动力[⑤]。因此，健康作为人力资本理论的重要组成是毋庸置疑的。

虽然人力资本源于经济学领域的研究，但近年来在组织管理中也受到了学者们的重点关注。组织管理中的人力资本与高参与工作系统[⑥]、企业绩效[⑦]、

---

① 王丽平，任书丽. 试析企业人力资本、物质资本投资对企业绩效的影响 [J]. 沈阳建筑大学学报（社会科学版），2010，12（1）：61-65.

② SCHULTZ T W. Investment in human capital [J]. The American economic review, 1961, 51（1）：1-17.

③ MUSHKIN S J. Health as an investment [J]. Journal of political economy, 1962, 75（5）：129-157.

④ 王文静，吕康银，王迪. 教育人力资本、健康人力资本与地区经济增长差异：基于中国省际面板数据的实证研究 [J]. 经济与管理，2012，26（9）：88-93.

⑤ 徐祖辉，谭远发. 健康人力资本、教育人力资本与经济增长 [J]. 贵州财经大学学报，2014（6）：21-28.

⑥ 程德俊，赵曙明. 高参与工作系统与企业绩效：人力资本专用性和环境动态性的影响 [J]. 管理世界，2006（3）：92-99.

⑦ 李健，俞会新. 企业人力资本投资对企业绩效的影响：一个文献综述 [J]. 中国人力资源开发，2015（13）：28-34.

企业经济增加值①、企业创新②等存在着密切的关系。在物质资本不断同质化的趋势下，人力资本对企业的作用将越来越大。人力资本是企业最重要的资本，其对于企业的意义越来越被人们熟知，特别是在日益激烈的竞争环境中，人力资本成为企业持续发展的核心资源③。就人力资本与员工个体产出而言，组织管理研究者也热衷于将人力资本理论作为考察个人产出的重要理论基础④⑤⑥⑦。

目前较为普遍的观点是组织管理中的人力资本内涵（KSAOs）包括知识、技能、能力和其他，典型的研究如 Ployhart 等（2014），他们围绕 KSAOs 系统性地诠释了组织中的人力资本及其相关概念，提出了"个体差异—KSAOs—人力资本—人力资本资源—战略人力资本资源"传导链条，该链条的核心逻辑是基于创造价值的能力⑧。根据 KSAOs 的相关研究，所有的个体都被赋予了个体差异，这是不同个体之间能力差异的天然因素。需要说明的是，KSAOs 理论框架中提到的能力与人们日常生活中提到的能力有略微差异，这些能力包括相对稳定的认知构念（如归因）、非认知构念（如性格）、相对可塑的和可情境

① 刘叶云，朱洪慧. 我国高新技术企业人力资本投入对 EVA 的贡献研究 ［J］. 科研管理，2013，34（S1）：95-105.

② 刘善仕，孙博，葛淳棉，等. 人力资本社会网络与企业创新：基于在线简历数据的实证研究 ［J］. 管理世界，2017（7）：88-98.

③ WRIGHT P M, COFF R, MOLITERNO T P. Strategic human capital：crossing the great divide ［J］. Journal of management，2014，40（2）：353-370.

④ CROOK T R, TODD S Y, COMBS J G, et al. Does human capital matter? a meta-analysis of the relationship between human capital and firm performance ［J］. Journal of applied psychology，2011，96（3）：443-456.

⑤ SHAW J D, PARK T Y, KIM E. A resource-based perspective on human capital losses, HRM investments, and organizational performance ［J］. Strategic management journal，2013，34（5）：572-589.

⑥ 高素英，赵曙明，张艳丽. 战略人力资本与企业竞争优势关系研究 ［J］. 管理评论，2012，24（5）：118-126.

⑦ 刘柏，郭书妍. 董事会人力资本及其异质性与公司绩效 ［J］. 管理科学，2017，30（3）：23-34.

⑧ PLOYHART R E, NYBERG A J, REILY G, et al. Human capital is dead：long live human capital resources ［J］. Journal of management，2014，40（2）：371-398.

诱导的构念（如动机和态度），以及遗传或生理特征（如力量）①②。然而，并不是所有的个体差异都是 KSAOs，如态度、满意度、动机、情绪和相关特征都不是 KSAOs，因为它们是高度可变的、更具体的、来自情境诱导的。图 2-1（组织管理中的人力资本）总结了 KSAOs 概念的内涵和边界。

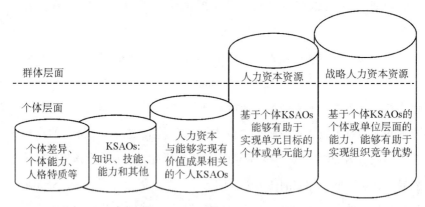

群体层面

个体层面

人力资本资源

战略人力资本资源

个体差异、个体能力、人格特质等

KSAOs:知识、技能、能力和其他

人力资本与能够实现有价值成果相关的个人KSAOs

基于个体KSAOs能够有助于实现单元目标的个体或单元能力

基于个体KSAOs的个体或单位层面的能力，能够有助于实现组织竞争优势

图 2-1　组织管理中的人力资本

资料来源：根据 Ployhart 等（2014）的研究整理③。

总而言之，由于数据难以获取、重视程度不够等原因，健康人力资本是人力资本理论中长期被忽视的内容④。无论是经济学领域还是组织管理领域的研究都集中关注教育人力资本，对健康人力资本的探索较少，"教育"在一定程度上成了人力资本的代名词⑤。然而，作为承载教育人力资本的有机体，个人健康不仅是一种重要的人力资本，还是其他人力资本得以存在的基础。有学者指出，简单地将人力资本视为教育而忽视健康的做法，很可能得出两个有偏差的结论：一是低估了人力资本对经济增长的影响；二是将健康以及其他人力资

①　GUION R M. Assessment, measurement, and prediction for personnel decisions [M]. New York, NY: Routledge, 2011.

②　MURPHY K R. Individual differences [M]. Oxford, UK: Oxford University Press, 2012.

③　PLOYHART R E, NYBERG A J, REILY G, et al. Human capital is dead: long live human capital resources [J]. Journal of management, 2014, 40 (2): 371-398.

④　吕娜. 健康人力资本与经济增长研究文献综述 [J]. 经济评论, 2009 (6): 143-152.

⑤　王士红. 人力资本与经济增长关系研究新进展 [J]. 经济学动态, 2017 (8): 124-134.

本对经济增长的影响都归功于教育，高估了教育对经济增长的作用①。健康属于基础性的人力资本，它是一切其他人力资本的载体，没有健康的状态，个体身上蕴含的其他人力资本都将不复存在②。本书认为，虽然健康人力资本的研究处于缺位状态，但作为人力资本的重要组成部分，健康人力资本的研究也是建立在人力资本理论研究基础之上的，特别是其内涵特征、内部结构、测量体系等，应当在人力资本理论的框架下进行分析。

二、健康功能理论

健康功能理论首要关注的问题就是健康是什么，这个看似简单的问题却难以准确下定义，有学者比喻健康就像一座海市蜃楼，远看再清楚不过，而走近时才发现它是看不见、摸不着的③。工业革命时期，受到"人是机器"的机械唯物论的影响，人们认为个体就像一台机器，而健康代表了机器能够正常运转，因此躯体功能的正常工作状态就是健康，简称"无病即健康"。这种健康概念忽视了人的社会性和生物的复杂性。随着时代的进步，疾病本身也难以界定，这种单一的解释显然不符合人们日益增长的物质需求和精神需求。19世纪末期，随着自然科学的兴起，人们认为疾病是由病原微生物引起的，因此健康就是保持病原微生物、人体和环境三者之间的生态平衡。但这种界定忽视了疾病原因的多元性。20世纪初期，随着现代医学的进一步发展和心理学、社会学等学科的成型，学者们强调社会环境对健康的影响，从而将健康的概念延伸到社会因素、心理因素和个人行为，形成了综合性协调发展的健康概念④。现如今，学界对健康的界定仍然没有定论。事实上，由于社会的不断发展和健康在个体间的显著差异，健康或许并不需要一个过于统一的定义，但作为健康人力资本研究的基础之一，健康本身的内涵和功能仍需要厘清。梳理现有文献发现，健康功能理论主要从三个方面阐述了健康的内涵和对应的功能。

① 杨建芳，龚六堂，张庆华.人力资本形成及其对经济增长的影响：一个包含教育和健康投入的内生增长模型及其检验 [J].管理世界，2006（5）：10-18.

② 罗进辉，李雪，黄泽悦.关键高管的人力资本价值评估：基于关键高管突然去世事件的经验研究 [J].中国工业经济，2016（5）：129-145.

③ 苏静静，张大庆.世界卫生组织健康定义的历史源流探究 [J].中国科技史杂志，2016，37（4）：485-496.

④ 曾承志.健康概念的历史演进及其解读 [J].北京体育大学学报，2007（5）：618-622.

首先，健康是一种状态。WHO 在 1948 年将健康界定为不仅是疾病或羸弱状态的消除，还是体格、精神与社会的良好状态[①]。WHO 对健康的界定涉及生理、心理、社会三个方面，具有医学、心理学、社会学等多学科交汇的特点，它是一个积极的概念。根据该定义，健康没有绝对的标准，而是因人而异的、符合自身的理想状态，该界定摒弃了疾病的思想，直接从健康的本质切入，具有重要的指导意义，也是目前最经典、最被人广泛认可的界定。但该定义只是衡量健康的理想化标准，在实践中缺乏应用标准[②]。需要特别指出的是，现有研究中，学者们在引用该定义时有时会使用 1946 年[③]的定义，有时又会使用 1948 年[④]的定义，较为混乱。本书通过查阅资料并仔细甄别后发现，WHO 是在 1946 年制定的宪章中对健康进行了界定，但该宪章在 1948 年才生效，因此本书建议在引用时采用 1948 年的定义。

其次，健康是一种资源。WHO 在 1984 年将健康界定为个体能够实现愿望和满足需要的程度，以及应对和改变环境的能力，它不仅是人们所追求的目标，还是其每天生活的必备资源。良好的健康状态是社会、经济和个人发展的主要资源，是生活质量的一个重要方面。将健康视为一种生活资源的思想具有重要的意义：一是它进一步地肯定了健康的积极作用；二是它强调了社会、国家和个人都必须对健康进行持续投资，从而使这种资源可以不断满足幸福生活的需要[⑤]。有学者认为，健康是一个生理、心理和社会都完好的动态资源，旨在满足与文化、责任和年龄等相当的生活需求，如果个体资源不足以满足这些需求，就是一种病态[⑥]。将健康视为资源的观点不再是理论上的探讨，而是强调了健康的使用价值和意义，在实践中也更具有可操作性。

最后，健康是一种能力。临床医学上主要将健康视为一种个人能力，促使人们能完成其在家庭、工作和社交方面的任务，并能够妥善应付来自生理、心

① WHO. Constitution of the world health organization [M]. Geneva：WHO, 1948.

② 倪红梅，何裕民，吴艳萍，等. 中西方健康概念演变史的探析及启示 [J]. 南京中医药大学学报（社会科学版），2014, 15（2）：79-83.

③ 黄奕祥. 健康管理：概念界定与模型构建 [J]. 武汉大学学报（哲学社会科学版），2011, 64（6）：66-74.

④ 傅华，高俊岭. 健康是一种状态，更是一种资源：对 WHO 有关健康概念的认识和解读 [J]. 中国健康教育，2013, 29（1）：3-4.

⑤ 同④。

⑥ BIRCHER J. Towards a dynamic definition of health and disease [J]. Medicine health care philosophy, 2005, 8（33）：335-341.

理和社会等方面的压力。的确，最新的研究表明，健康的内涵越来越丰富，它还吸收了环境、道德、职业、愿景等内容，何为健康已经不再由医学界定，而是由每个人按照自己对功能的需求来界定①。将健康作为能力的观点超越了"生物功能论"和"完全幸福状态"，它从现实的、客观的生活能力出发，充分考虑了健康因人而异的特性。如何理解这种能力？国外有学者认为，它是个体在面临社会、生理和心理挑战时的自我管理与适应能力②。国内学者提出，健康最本质的内容就是人处理自身与环境关系的能力。能力健康作为一种最新颖的观点，它不再为健康设定一个标准，而是因人而异，强调与环境的协调共存③。

总体来说，健康功能理论认为，健康本质上需要反映个体的生存和发展过程中的某些积极属性或性质，因此健康的内涵不能脱离个体的生存和发展这个大前提，而人的生存和发展总是在特定环境中展开并受相关环境制约的。因此，人的生存和发展状况归根到底取决于人是否有良好的状态、充分的资源和足够的能力去处理自身与环境的关系④⑤⑥。健康功能理论从状态、资源和能力三个方面阐述了健康的意义，强调它不仅是个体生存的基础，还是更好地参与生活和工作的个体状态以及个体拥有的资源和能力。换言之，健康功能理论解释了为什么健康具有重要的经济价值，以及可能的价值类型，为健康在各个学科中的研究提供了一定的理论依据⑦⑧。

健康功能理论与人力资本理论具有紧密的内在逻辑联系，它们共同构成了健康人力资本研究的基础理论。首先，人力资本理论将健康人力资本视为基础性的人力资本，是其他人力资本得以存在的前提。这与健康功能理论强调的

① 周业勤. 能力健康概念及其启示 [J]. 医学与哲学（A），2016，37（1）：18-21.

② HUBER M，KNOTTNERUS J A. GREEN L，et al. How should we define health [J]. BMJ，2011，343（262）：4163.

③ 同①。

④ 傅华，高俊岭. 健康是一种状态，更是一种资源：对 WHO 有关健康概念的认识和解读 [J]. 中国健康教育，2013，29（1）：3-4.

⑤ 李明霞，周志钦. 论健康概念及其影响因素 [J]. 中国健康教育，2012，28（7）：573-575.

⑥ 同①。

⑦ 王弟海，黄亮，李宏毅. 健康投资能影响跨国人均产出差距吗？：来自跨国面板数据的经验研究 [J]. 经济研究，2016，51（8）：129-143.

⑧ 许岩，曾国平，曹跃群. 教育人力资本、健康人力资本、总量人力资本对经济增长机制的实证检验 [J]. 统计与决策，2018（7）：109-113.

"健康是个体生活必备的资源""健康是个体处理与环境关系的能力""健康从本质上反映了个体生存和发展"等观点一致。其次，人力资本理论认为对人力资本投资可以获得未来的收益，健康功能理论则认为越健康的个体越是多产的，两者共同强调了健康人力资本潜在的价值①。最后，人力资本理论与健康功能还是互补的。组织管理研究中，人力资本通常被认为是个体知识、技能、能力和其他的集合，对健康这一成分的关注不够②。健康功能理论的观点则暗示了健康可以作为一项人力资本，因为健康是一种能够影响个体绩效的特质和素质，具有投资、加工和产出的特征，而这也是人力资本的核心之一③④。总而言之，健康功能理论与人力资本理论具有内在统一、互补的理论逻辑，揭示了健康人力资本研究的合理性，共同构成了健康人力资本研究的理论基础，对考察健康人力资本的概念内涵、结构维度和测量体系等问题提供了指引。

第二节　健康人力资本研究综述

一、健康人力资本的概念内涵

健康很早便被纳入经济学相关研究中。Schultz（1961）在阐述人力资本理论时便提及了个体健康⑤，Mushkin（1962）随后将健康与教育并列为人力资本的两大支柱，并指出健康是一种独特的消费商品，它不仅满足了人们的需求，更是人类福祉的组成内容⑥。Grossman（1972）则将健康视为一种商品，他认为具有健康身体的人总比不健康的人幸福指数高，因此健康能够带来效

①　COOPER C，BEVAN S. Business benefits of a healthy workforce［M］. West Sussex：Wiley，2014.

②　PLOYHART R E，MOLITERNO T P. Emergence of the human capital resource：a multilevel model［J］. Academy of management review，2011，36（1）：127-150.

③　KARAZIJIENĖŽ，JURGELEVIČIUS A. Expanded concept of human capital as intangible resource at macro level［J］. Montenegrin journal of economics，2016，12（4）：141-156.

④　PLOYHART R E，NYBERG A J，REILY G，et al. Human capital is dead：long live human capital resources［J］. Journal of management，2014，40（2）：371-398.

⑤　SCHULTZ T W. Investment in human capital［J］. The American economic review，1961，51（1）：1-17.

⑥　MUSHKIN S J. Health as an investment［J］. Journal of political economy，1962，75（5）：129-157.

用，从而可以在效用函数中纳入健康进行分析①。现有经济学研究认为，"健康"这一概念可以描述人体身体状况的一个状态区间，该区间可以按照身体机能的好坏程度和活动能力的大小强弱用数值来加以标识②。有学者认为，健康人力资本是指投入生产过程中的、能够带来产出效应的、由健康状况决定的劳动力的价值形态③。对健康进行投资而获得的直接收益是健康水平的提升，健康作为人力资本的一种重要形式，越来越成为各国经济增长与整体经济水平差异的重要因素④。

　　健康作为一项人力资本，强调了健康的经济价值、投资收益性和保健功能等特征，使得健康不再只是呈现出社会福利和人类基本需求的特征⑤⑥。的确，健康即财富，健康能为个人或家庭提供经济来源和安全感，并作为劳动者学习能力以及智力、体力的基础⑦。经济学领域中的健康人力资本是建立在三个相互关联的研究话题之上的，并独自形成一个充满挑战和不断进步的研究领域⑧：一是遵循 Grossman（1972）提出的模型，研究个体或政府对健康的最优投资；二是生命价值相关的研究，分析人们愿意为提高他们在不同年龄段的生存可能性而付出的代价⑨；三是将健康和教育以及其他类型的人力资本投资相联系，并分析由此产生的互补性功能⑩。健康人力资本的研究既能从微观层面展开，也能从宏观层面进行分析。例如，Barro（1996）从宏观层面构建了包

---

　　① GROSSMAN M. On the concept of health capital and the demand for health [J]. Journal of political economy, 1972, 80 (2)：223-255.

　　② 董希望，王弟海. 经济学中的"健康"：定义和度量：学科比较的视角 [J]. 福建论坛（人文社会科学版），2014 (12)：19-26.

　　③ 汪泓，张健明，吴忠，等. 健康人力资本指标体系研究 [J]. 上海管理科学，2017, 39 (4)：30-34.

　　④ 王弟海. 健康人力资本、经济增长和贫困陷阱 [J]. 经济研究，2012, 47 (6)：143-155.

　　⑤ 栾斌，杨俊. 农村居民收入、健康支付结构与农村健康人力资本：中国省份面板数据的证据 [J]. 农业技术经济，2015 (2)：76-84.

　　⑥ 王海海，龚六堂，李宏毅. 健康人力资本、健康投资和经济增长：以中国跨省数据为例 [J]. 管理世界，2008 (3)：27-39.

　　⑦ 万萍，李红艳. 健康人力资本研究：文献综述与对策建议 [J]. 经济研究导刊，2018, 23：61-62.

　　⑧ BECKER G S. Health as human capital：synthesis and extensions [J]. Oxford economic papers, 2007, 59 (3)：379-410.

　　⑨ MURPHY K M, TOPEL R H. The economic value of medical research [M]. Chicago：University of Chicago Press, 2006.

　　⑩ WOODHALL M. Human capital concepts [M]. Pergamon：Economics of Education, 1987：21-24.

含物资资本、健康人力资本和教育人力资本的三部门经济，重点考察了健康人力资本如何通过影响劳动生产率来促进经济增长[1]；刘国恩等（2004）则从微观层面考察了健康人力资本和个人收入的关系[2]，因为健康的人能够工作更长的时间，在体力、脑力，或者认知能力上都更加充沛强壮，很有可能获得更高的收入。

就研究范式而言，经济学领域对健康人力资本的研究主要是通过构建计量模型和采用二手数据的方式来探索健康与个人收入、家庭财富和经济增长等的关系。王弟海、龚六堂和李宏毅（2008）通过构建一个具有 Arrow-Romer 生产函数和 Grossman 效用函数的模型，探索了健康人力资本积累对物质资本积累和经济增长的关系[3]。他们发现，过多的健康人力资本反而会给经济增长带来负面效果，因为物质资本积累可能由此被挤占。在 M-R-W 增长模型框架下，有学者还将教育和健康囊括到人力资本内涵中，并主要从投入角度（每万人拥有的床位数）测量健康人力资本[4]。

健康人力资本如何促进经济增长是一个复杂的问题，不同的学者发表了不同的见解。例如，有学者认为，健康人力资本对经济增长的贡献主要体现在两个方面：一是由于食物消费、营养水平以及人们衣、食、住、行、生活等条件的改善所带来的健康人力资本的提高，总人口中参与劳动的人数比率得以不断提高，同时增加了个人参与劳动的时间；二是由于营养摄入和食物健康的改善提高了整个人类的身体素质，劳动者的劳动强度和劳动效率都得到提升，进而提高了人类在劳动中的产出效率[5]。一言以蔽之，健康人力资本通过劳动者质量的提高和数量的增多促进了经济增长。然而，国内有学者指出，健康人力资本可能会为经济增长埋下"陷阱"，即富国更可能具有高健康、高消费，而穷

---

[1] BARRO R. Three models of health and economic growth ［M］. Unpublished manuscript, Cambridge, MA: Harvard University, 1996.

[2] 刘国恩, DOW W H, 傅正泓, 等. 中国的健康人力资本与收入增长 ［J］. 经济学（季刊）, 2004（4）: 101-118.

[3] 王弟海, 龚六堂, 李宏毅. 健康人力资本、健康投资和经济增长: 以中国跨省数据为例 ［J］. 管理世界, 2008（3）: 27-39.

[4] 王文静, 吕康银, 王迪. 教育人力资本、健康人力资本与地区经济增长差异: 基于中国省际面板数据的实证研究 ［J］. 经济与管理, 2012, 26（9）: 88-93.

[5] FOGEL R W. Economic growth, population theory, and physiology: the bearing of long-term processes on the making of economic policy ［J］. American economic review, 1994, 84（3）: 369-395.

国则相反①。类似地，健康人力资本对个人收入的影响也存在以上"先有鸡还是先有蛋"的问题，即健康人力资本的内生性问题②。总而言之，健康人力资本在经济学中受到了一定关注，其研究层次包含宏观和微观两大类，基本肯定了健康对劳动者个体劳动时间、劳动效率等的积极促进作用。

在组织管理研究中直接提及"健康人力资本"这一概念的文献较少，但有学者从相关的角度进行了研究，如基于人力资本投资视角的员工健康管理。本节对员工健康投资、员工健康管理等相关的研究进行了回顾。21世纪初期左右，针对员工健康问题的研究逐渐开始受到组织管理研究者的系统性关注，多篇具有重要理论性的文献陆续出现③④⑤⑥。近年来，有关员工健康问题的研究相继包含了员工健康促进⑦、工作压力管理⑧、职业健康⑨等，如何进行员工健康管理成为人力资源管理实践的新问题。有研究从人力资本投资的角度对员工健康管理进行了探索，并指出国内企业常把团体商业医疗保险计划和体检计划等同于健康管理，还未从人力资本投资的角度认识健康管理⑩。正如前文所说，人力资本虽然是组织管理研究的热门话题，但学者们似乎很少考虑健康人力资本这一特别的类型。例如，在一项元分析中，有学者发现人力资本是促

① 王弟海. 健康人力资本、经济增长和贫困陷阱 [J]. 经济研究, 2012, 47 (6): 143-155.

② 杨建芳, 龚六堂, 张庆华. 人力资本形成及其对经济增长的影响: 一个包含教育和健康投入的内生增长模型及其检验 [J]. 管理世界, 2006 (5): 10-18.

③ DANNA K, GRIFFIN R W. Health and well-being in the workplace: a review and synthesis of the literature [J]. Journal of management, 1999, 25 (3): 357-384.

④ FRONE M R, RUSSELL M, COOPER M L. Job stressors, job involvement and employee health: a test of identity theory [J]. Journal of occupational & organizational psychology, 1995, 68 (1): 1-11.

⑤ GANSTER D C, SCHAUBROECK J. Work stress and employee health [J]. Journal of management, 1991, 17 (2): 235-271.

⑥ TAYLOR S E, BROWN J D. Illusion and well-being: a social psychological perspective on mental health [J]. Psychological bulletin, 1988, 103 (2): 193-210.

⑦ TETRICK L E, WINSLOW C J. Workplace stress management interventions and health promotion [J]. Annual review of organizational psychology & organizational behavior, 2015 (2): 583-603.

⑧ GANSTER D C, ROSEN C C. Work stress and employee health: a multidisciplinary review [J]. Journal of management, 2013, 39 (5): 1085-1122.

⑨ MONTANO D, REESKE A, FRANKE F, et al. Leadership, followers´ mental health and job performance in organizations: a comprehensive meta-analysis from an occupational health perspective [J]. Journal of organization behavior, 2017, 38 (3): 327-350.

⑩ 朱必祥, 朱妍. 基于人力资本投资视角的员工健康管理问题初探 [J]. 南京理工大学学报 (社会科学版), 2013, 26 (5): 35-40.

进创业成功的重要因素，但人力资本投资（教育和培训等）以及投资结果（知识和技能等）均未涉及健康这一内容①。

员工健康和一系列重要的变量联系在一起，包括出勤主义②、恢复体验③、工作绩效④、幸福感⑤等。当员工的生理状况和心理健康都处于良好状态时，其情感承诺和规范承诺较高，但当员工的生理状况和心理健康都处于欠佳状态时，其亲组织行为⑥会减少⑦。有学者构建了一种将健康相关的生活质量概念化的框架，其中身体健康指的是员工当前的身体状况、身体机能；精神或心理健康指的是员工的情感体验和行为；社会健康指的是员工的角色表现（包括工作）和人际关系⑧。基于这一观点，有学者考察了身体健康和心理健康对工作绩效的影响，但并没有包含社会健康，因为他们认为社会健康包含了太多概念，如工作满意度、工作耗竭、角色压力等⑨。尽管如此，这类研究仍然表明了健康人力资本与员工工作产出的潜在关系。以上的论述聚焦在健康人力资本中的"健康"二字，但健康人力资本归根到底是一种人力资本，其研究建立在人力资本理论上。

上文提出了 KSAOs 的相关研究，它是组织管理研究中人力资本的经典界定，事实上，健康也与 KSAOs 有着密切的关联。首先，KSAOs 主要是由个体

① UNGER J M, RAUCH A, FRESE M, et al. Human capital and entrepreneurial success: a meta-analytical review [J]. Journal of business venturing, 2011, 26 (3): 350-358.

② SCHULTZ A B, EDINGTON D W. Employee health and presenteeism: a systematic review [J]. Journal of occupational rehabilitation, 2007, 17 (3): 547-579.

③ FRITZ C, SONNENTAG S. Recovery, health, and job performance: effects of weekend experiences [J]. Journal of occupational health psychology, 2005, 10 (3): 187-199.

④ DRANNAN J. The relationship between physical exercise and job performance: the mediating effects of subject health and good mood [J]. Arabian journal of business management review, 2016, 6 (6): 269-279.

⑤ SLEMP G R, VELLA-BRODRICK D A. Optimising employee mental health: the relationship between intrinsic need satisfaction, job crafting, and employee well-being [J]. Journal of happiness studies, 2014, 15 (4): 957-977.

⑥ 亲组织行为即行为是有利于组织的，但不是工作明文规定的，也不是上司命令的。

⑦ 范晓倩, 于斌. 员工健康状况对亲组织行为的影响机制研究：社会认同视角 [J]. 学海, 2019 (4): 197-206.

⑧ TESTA M A, SIMONSON D C. Assessment of quality-of-life outcomes [J]. New England journal of medicine, 1996: 835-840.

⑨ FORD M T, CERASOLI C P, HIGGINS J A, et al. Relationships between psychological, physical, and behavioral health and work performance: a review and meta-analysis [J]. Work & Stress, 2011, 25 (3): 185-204.

内在属性引起的，而非情境，并在一段时间段内相对稳定①。作为一种因人而异的个人状态，健康与 KSAOs 的内涵相匹配，说明了健康很可能是一种 KSAOs。其次，KSAOs 中的其他特征表示能够影响个体在一系列任务表现中的个体属性，健康水平无疑可归入当中②。的确，也有学者认为人力资本不只是 KSAOs，它应当包含更广泛的内容，如人力资本是一系列能带来未来收益的价值存量，不仅包括知识、技能，还包括人的能动性和声誉③。人力资本还蕴含了激励性，因为人是人力资本的载体，一旦离开了人，人力资本的价值便消亡殆尽，只有在合理的制度激励下，人力资本才能发挥其作用④。以上的理论分析解释了健康与人力资本的内在联系，为从组织管理视角研究健康人力资本提供了参考。

二、健康人力资本的结构

探究健康人力资本的结构需要对一般健康的结构进行回顾。最初，人们认为"无病即健康"，这种观点将健康视为疾病的对立面，是一种从生物功能论出发的观点⑤。然而，疾病本身是一个难以界定的概念，并且受到文化背景的影响，与信仰、法律、习俗等密切相关⑥⑦。因此，这种观点不断进化，发展出了将环境因素纳入其中的多维度概念。典型的是 WHO 在 1948 年提出的，包含了医学、社会学、心理学等多学科的定义，即健康是生理、心理以及社会适应能力良好的完美状态，而不只是没有疾病或羸弱的状态。国内学者还认为，

① PLOYHART R E, MOLITERNO T P. Emergence of the human capital resource: a multilevel model [J]. Academy of management review, 2011, 36 (1): 127-150.

② PLOYHART R E, NYBERG A J, REILY G, et al. Human capital is dead: long live human capital resources [J]. Journal of management, 2014, 40 (2): 371-398.

③ 程承坪. 对人力资本概念的新认识 [J]. 江西财经大学学报, 2001 (5): 19-21.

④ 逯进, 周惠民. 人力资本理论: 回顾、争议与评述 [J]. 西北人口, 2012, 33 (5): 46-52.

⑤ DOLFMAN M L. The conception of health: an historic and analytic examination [J]. Journal of school health, 1973 (8): 491-497.

⑥ SCRIMSHAW S. Culture, behavior and health [M]. In Global health: Diseases, Programs, Systems, and Policies, Merson, M. D., Black, R. E., Mills, A. J. (Eds), Jones & Bartlett Learning, 2012: 4-74.

⑦ 董希望, 王弟海. 经济学中的"健康": 定义和度量: 学科比较的视角 [J]. 福建论坛（人文社会科学版）, 2014 (12): 19-26.

道德也是健康的结构之一①②③④。然而，这种观点也受到了部分学者的反驳，例如，杨同卫等（2019）直接提出，WHO从未将道德健康视为健康的组成部分，道德健康其实来源于一些的错误认识，如将道德这一健康的影响因素误认为是健康的构成维度；将某些疾病的表现行为误认为是患者的道德水平低下等⑤。由此可见，一般健康的内涵结构还存在争议。

经济学领域对健康人力资本的结构一般不做具体划分，其中一个原因可能是经济学领域研究健康人力资本的目的在于探索个体健康水平对其经济行为的影响，以及如何直接或间接地影响地区经济发展⑥⑦，进而更为关注健康人力资本的投入产出问题。事实上，健康本身具有内在价值，因为健康是个体的一种目标，一种重要的可行能力和人类发展的最终目标之一；不仅如此，健康也被认为是一种能力和工具，因为它改善了个体的经济行为，对个体其他各方面都有着不同程度的工具性价值⑧。总的来说，现有研究普遍采用指标体系构建的方法测量健康人力资本。例如，有研究将预期寿命、每万人床位数等作为健康人力资本的测量指标，以此考察健康人力资本对经济增长的影响⑨。由于本书关注员工的健康人力资本的概念内涵和结构维度，以及健康人力资本作用效果的具体机制，因此有必要对健康人力资本的结构维度进行考察。

三、健康人力资本的测量

虽然同为人力资本的重要组成部分，但健康人力资本复杂、多变、内隐等

---

① 常运立，杨放，陈化，等.道德健康与道德创伤系列讨论之一：道德健康与道德创伤概念辨析［J］.中国医学伦理学，2018，31（3）：293-298.

② 薛晓阳.道德健康的教育学刍议：兼议心理教育的伦理转向［J］.教育研究，2005（11）：23-27.

③ 张学俊，王少林.道德健康：和谐社会的重要基石［J］.西安欧亚学院学报，2006（2）：29-32.

④ 赵联.试论道德健康视角下的个体、社会与教育［J］.教育研究与实验，2010（2）：57-60.

⑤ 杨同卫，封展旗，武宜金，等."道德健康"辨驳：亦论道德与健康的关系［J］.医学与哲学，2019，40（1）：21-23.

⑥ 万萍，李红艳.健康人力资本研究：文献综述与对策建议［J］.经济研究导刊，2018（23）：61-62.

⑦ 徐程，尹庆双，刘国恩.健康经济学研究新进展［J］.经济学动态，2012（9）：120-127.

⑧ 董希望，王弟海.经济学中的"健康"：定义和度量：学科比较的视角［J］.福建论坛（人文社会科学版），2014（12）：19-26.

⑨ 罗凯.健康人力资本与经济增长：中国分省数据证据［J］.经济科学，2006（4）：83-93.

特征导致其测量无法像教育人力资本可直接根据受教育年限进行直接测量。换言之，健康人力资本的测量通常较为"含蓄"，至今仍没有一套被广泛认可和接受的指标体系。需要指出的是，由于探索健康人力资本的视角不同、关注的问题也不同，本书认为其测量体系的重点是在符合研究实际情况的基础上保证测量的科学性，而不是强调测量体系的通用性。通过对现有文献的梳理，本书认为测量人力资本中的健康成分至少要面临三个方面的难题：第一，人力资本强调个体的经济价值，然而健康通常是内隐的，并且表现出时间滞后性，导致学者们很难对其经济价值进行即时的度量；第二，由于健康因人而异，甚至在不同的文化背景下健康也有不同的内涵界定，因此对各种健康表征的测量很难表现出普适性；第三，健康人力资本的作用是复杂的，对众多经济、社会问题都起到了间接或直接的影响，因此学者们关注的问题较为广泛，使得健康人力资本测量的目的不同①②③。

考虑到健康人力资本的研究重点可划分为探讨"健康人力资本与经济增长"这一宏观问题和"健康人力资本与收入"这一微观问题，本书从研究层次的角度对健康人力资本现有研究中的测量方法进行回顾④⑤。总的来看，在相对宏观的研究中，健康人力资本的测量可以分为投入法、产出法和复合法三种类型。具体而言，投入法关注考虑与健康相关的投入情况，包括国家公共卫生投入、个人医疗卫生投入和营养食品支出。例如，有学者直接研究了食物消费和营养摄入等健康投资因素和经济增长之间的关系⑥。产出法重点考虑了相关健康投入的结果，如预期寿命、孕妇死亡率等⑦。考虑到数据的易获得性等原因，也有学者采用年人口死亡率来衡量健康人力资本，它是一个反向指标，

①　吕娜.健康人力资本与经济增长研究文献综述［J］.经济评论，2009（6）：143-152.

②　于大川.健康人力资本对农民农业收入增长的影响研究［J］.社会保障研究，2013（2）：83-89.

③　张辉.健康对中国经济增长的影响研究［D］.北京：首都经济贸易大学，2018.

④　吕娜.健康人力资本与经济增长研究文献综述［J］.经济评论，2009（6）：143-152.

⑤　邓小源，唐代盛，余驰晨.我国农村居民健康人力资本对其非农就业收入影响的实证研究［J］.人口学刊，2018，40（1）：102-112.

⑥　王弟海.健康人力资本、经济增长和贫困陷阱［J］.经济研究，2012，47（6）：143-155.

⑦　汪泓，张健明，吴忠，等.健康人力资本指标体系研究［J］.上海管理科学，2017，39（4）：30-34.

即数值越高则代表越低的健康人力资本①，具体细分为新生儿死亡率、孕妇死亡率等，特别是在经济欠发达国家，预期寿命是最为直接衡量健康人力资本的指标。复合法是指将多个健康人力资本影响因素综合生成一个健康人力资本指数的测量方法，该方法源自欧洲公共卫生委员会定义的健康内容，即卫生服务、社会经济条件、生活方式和环境因素，由 Aguayo-Rico 和 Guerra-Turrubiates 等（2005）率先使用②。遵循该研究，国内学者构建了中国情境的健康人力资本指数。例如，有学者构造健康人力资本加法模型 $H_i = T_i + S_i + C_i + I_i$，其中 i 表示时间；H_i 表示健康系数；T_i 表示寿命系数，由人均预期寿命指标计算得到；S_i 表示保险系数，由医疗和养老保险计算得到；C_i 表示卫生系数，由卫生人员数等计算得到；I_i 表示福利系数，由养老福利费用计算得到③。还有研究以孕产妇死亡率、围产儿死亡率和伤残调整期望寿命三个变量为指标测量了健康人力资本④。为了更好地呈现健康人力资本在宏观研究中的测量方法，本书梳理了部分典型研究，如表 2-1 所示。

表 2-1 健康人力资本的现有测量方法

类型	研究	测量指标	弹性系数
投入法	王弟海（2012）⑤	健康投资	健康投资增长率每增加 1%，人均 GDP 增加 0.125 3%
	王弟海、李夏伟和黄亮（2019）⑥	健康支出 GDP 占比	东亚地区弹性系数为 0.12，全球数据弹性系数为 0.05

① 陈浩. 卫生投入对中国健康人力资本及经济增长影响的结构分析 [J]. 中国人口科学，2010（2）：92-100.
② AGUAYO-RICO A, GUERRA-TURRUBIATES I A, MONTES R, et al. Empirical evidence of the impact of health on economic growth [J]. The journal of economic history, 2005 (6): 1-16.
③ 饶勋乾，成艾华. 健康人力资本的区域差异比较 [J]. 重庆工学院学报（社会科学版），2007（9）：64-68.
④ 余静文，苗艳青. 健康人力资本与中国区域经济增长 [J]. 武汉大学学报（哲学社会科学版），2019，72（5）：161-175.
⑤ 王弟海. 健康人力资本、经济增长和贫困陷阱 [J]. 经济研究，2012，47（6）：143-155.
⑥ 王弟海，李夏伟，黄亮. 健康投资如何影响经济增长：来自跨国面板数据的研究 [J]. 经济科学，2019（1）：5-17.

表 2-1（续）

类型	研究	测量指标	弹性系数
产出法	Bloom，Canning 和 Sevilla（2004）①	预期寿命	预期寿命每提高 1 年，GDP 增加 4%
	王文静、吕康银和王迪（2012）②	每万人拥有床位数和医生数	东、中、西部地区的弹性系数分别为 0.079、0.086 和 0.042
	蒋萍等（2008）③	预期寿命和死亡率	预期寿命和死亡率每增加和减少 1 个百分点，GDP 增长率提高 0.032 1%和 0.090 3%
复合法	Aguayo-Rico 和 Guerra-Turrubiates（2005）④	生活方式、环境、健康服务、经济社会条件	健康人力资本指数每增加 1 个单位，GDP 增加 0.001 5 个单位
	罗凯（2006）⑤	卷烟销量、预期寿命、死亡率等	健康人力资本指数每增加 1 个单位，GDP 增加 0.085 个单位
	张辉（2018）⑥	高血压患病率、日均蛋白质摄入量、每千人口卫生人员数、医院平均住院日等	健康人力资本指数在东部、中部和西部每增加 1 个单位，GDP 分别变化 0.061、0.049 和 0.039 个单位
	余静文和苗艳青（2019）⑦	孕产妇死亡率、围产儿死亡率和伤残调整期望寿命	每千人孕产妇死亡数下降 0.7 个百分点，每千名围产儿死亡数下降 0.2 个百分点，伤残调整期望寿命增加 10 年，经济增速会提高 1 个百分点

资料来源：根据相关研究整理。

① BLOOM D E，CANNING D，SEVILLA J. The effect of health on economic growth：a production function approach［J］. World development，2004，32（1）：1-13.

② 王文静，吕康银，王迪. 教育人力资本、健康人力资本与地区经济增长差异：基于中国省际面板数据的实证研究［J］. 经济与管理，2012，26（9）：88-93.

③ 蒋萍，田成诗，尚红云. 人口健康与中国长期经济增长关系的实证研究［J］. 中国人口科学，2008（5）：44-51.

④ AGUAYO-RICO A，GUERRA-TURRUBIATES I A，MONTES R et al. Empirical evidence of the impact of health on economic growth［J］. The Journal of Economic History，2005（6）：1-16.

⑤ 罗凯. 健康人力资本与经济增长：中国分省数据证据［J］. 经济科学，2006（4）：83-93.

⑥ 张辉. 健康对中国经济增长的影响研究［D］. 北京：首都经济贸易大学，2018.

⑦ 余静文，苗艳青. 健康人力资本与中国区域经济增长［J］. 武汉大学学报（哲学社会科学版），2019，72（5）：161-175.

由于健康人力资本概念本身的复杂性，单从投入或产出的视角进行测量可能会有所欠缺，更好的办法也许是将投入和产出共同纳入测量体系中，即采用复合法。例如，有研究认为，健康投入既是因为恢复和提高人群健康水平而必须花费的资源，也是用于预防和治疗个体疾病方面所支付的货币或是时间投入的总和，为此构建了包含生活方式、医疗、保健、环保和教育的五因子投入指标；就人力资本的产出而言，健康人力资本不仅会促进社会经济效益，还会提高个体劳动质量和生产效率，其产出指标包括健康水平、教育和社会经济三方面[1]。

在相对微观的层面，由于健康人力资本的微观研究主要以个体或家庭为研究对象，探讨健康人力资本对收入的影响，其测量方式主要包含人体测量指标，并且陆续出现了自评式的健康水平测量。人体测量指标是最常见的指标类型，包括身高、体重、蛋白质摄入量等。例如，身高被认为是孩童时期营养和终生健康状况的潜在指标，有学者将这种同质的、无误差的指标作为衡量健康人力资本的标准之一[2]。人体测量指标的理论依据在于"童年与日后身体上和认知上的机能发育具有内在的生理和生物机制关系，而身体上和认知上的机能发育被认为是个人经济潜力的重要决定因素"[3]。人体测量指标也常被用于相关的实证研究中，如有学者在考察健康人力资本对性别差异工资的影响时，以身高为指标测量了健康人力资本[4]；还有学者则在采用中国家庭追踪调查（China family panel studies，CFPS）数据的研究中加入了身体质量指数（body mass index，BMI）[5]。

微观视角下健康人力资本的另一种测量方法是自评健康状况。现有研究认为，个人自评健康数据虽然是一种主观感知的测量方式，但与其他客观健康指

① 汪泓，张健明，吴忠，等.健康人力资本指标体系研究 [J].上海管理科学，2017，39（4）：30-34.

② SCHULTZ T P. Wage gains associated with height as a form of health human capital [J]. American economic review，2002，92（2）：349-353.

③ 刘国恩，DOW W H，傅正泓，等.中国的健康人力资本与收入增长 [J].经济学（季刊），2004（4）：101-118.

④ 王鹏，刘国恩.健康人力资本与性别工资差异 [J].南方经济，2010（9）：73-84.

⑤ 邓力源，唐代盛，余驰晨.我国农村居民健康人力资本对其非农就业收入影响的实证研究 [J].人口学刊，2018，40（1）：102-112.

标具有较高的相关度①②③。基于美国的动态面板数据，有研究将健康自评变量作为健康的直接测量指标，检验个人早期健康状况对成人后的家庭和个人收入、劳动供给的影响④。在国内的研究中，有学者在探索健康人力资本与收入的关系时采用了中国健康与营养调查（China health and nutrition survey, CHNS）数据库中的个人自评健康的数据，其问题为"与同龄人相比，你觉得自己的健康状况怎么样"⑤。此外，还有学者采用 CHNS 中自评和客观指标相结合的方式对健康人力资本进行测量，如有研究还为解释自评健康中的个体差异加入了"是否患有高血压""是否饮酒"等客观指标⑥。

四、现有研究述评

本章对健康人力资本的内涵、结构和测量等进行了回顾和梳理，不仅对现有研究进行了系统性概括，还发现了现有研究的一些不足与局限，主要概括为以下四点：

第一，现有研究的成果在谈及人力资本时较少涉及健康人力资本，特别是组织管理中健康人力资本的研究颇为匮乏，还处于起步阶段，仅有学者初步提出了基于人力资本的健康管理思想⑦⑧⑨。当然，健康人力资本在经济学领域仍有一些研究可作为借鉴，但总体来说，有关健康人力资本的研究远少于教育

---

① ALLISON R A, FOSTER J E. Measuring health inequality using qualitative data [J]. Journal of health economics, 2004, 23 (3): 502-524.

② 陆五一, 周铮毅. 儿童营养状况与健康人力资本形成 [J]. 人口与发展, 2014, 20 (6): 90-96.

③ 赵忠, 侯振刚. 我国城镇居民的健康需求与 Grossman 模型：来自截面数据的证据 [J]. 经济研究, 2005 (10): 79-90.

④ SMITH J P. The impact of childhood health on adult labor market outcomes [J]. Review of economics and statistics, 2009, 91 (3): 478-489.

⑤ 方亚, 周鑫. 收入与健康人力资本关系的理论与实证研究 [J]. 厦门大学学报（哲学社会科学版）, 2012 (1): 118-124.

⑥ 魏宁, 苏群. 健康与农村劳动力非农就业参与：基于联立方程模型的实证研究 [J]. 农村经济, 2013 (7): 113-117.

⑦ 何勤, 王萌. 企业员工健康管理现状分析及体系建立研究：从人力资本对企业可持续发展影响的视角 [J]. 商场现代化, 2008 (33): 311-312.

⑧ 沈晨光. 人力资本理论与员工健康管理问题探讨 [J]. 商业经济研究, 2017 (22): 112-113.

⑨ 朱必祥, 朱妍. 基于人力资本投资视角的员工健康管理问题初探 [J]. 南京理工大学学报（社会科学版）, 2013, 26 (5): 35-40.

人力资本。因此，我们对健康人力资本的研究亟待加强。

第二，从经济学的角度来看，健康人力资本既是一种消费品，也是投入生产过程中能够带来产出效应的，且主要由健康水平决定的劳动力价值形态①。从组织管理学的角度来看，健康人力资本更可能是有助于员工实现价值目标的一种健康状态，它是其他人力资本得以存在并发挥作用的基础。的确，健康人力资本的概念内涵难以用统一的标准概括，因为健康本身在各个学科中就有不同的界定。对于这类内涵还尚不明确的构念，适宜采用定性研究的方法开展深度访谈以获取关键信息，进而厘清其内涵②。此外，健康人力资本的结构目前尚不清楚，它是否等同于一般健康的维度，抑或是在此基础上有所变化，这些问题需要我们进一步探索。

第三，如何测量健康人力资本既是重点也是难点，同时还是开展相关研究的基础。自20世纪90年代中后期以来，健康人力资本的分析和测量方法得到了巨大提升和改进，进而加速了健康人力资本的研究，这在一定程度上缓解了健康人力资本和教育人力资本研究进展不平衡的问题③。现有研究通过投入法、产出法、复合法、人口统计指标和自评等方式进行测量，然而就组织管理研究而言，虽然能够借鉴前期关于健康人力资本的成果，但不能直接照搬，因为出生死亡率等指标显然无法运用在组织管理中。因此，下一步研究应当紧扣健康人力资本的概念内涵，开发一套符合组织管理特点，且适用于组织情境中的健康人力资本量表和测量体系。

第四，现有研究对健康人力资本的作用效果进行了一些探讨，如健康人力资本的提升或降低会带给个体、地区和国家什么变化。这类研究明确了健康人力资本的意义，然而学界很少涉及如何提升健康人力资本的研究。事实上，既然健康人力资本的重要性已经被学界广泛认可，下一步研究就应当关注如何提升健康人力资本。健康人力资本的这一理论空白也驱使本书试着做出尝试，以完善健康人力资本的研究框架。

---

① 汪泓，张健明，吴忠，等. 健康人力资本指标体系研究［J］. 上海管理科学，2017，39（4）：30-34.

② 王璐，高鹏. 扎根理论及其在管理学研究中的应用问题探讨［J］. 外国经济与管理，2010，32（12）：10-18.

③ 吕娜. 健康人力资本与经济增长研究文献综述［J］. 经济评论，2009（6）：143-152.

第三章　健康人力资本的概念内涵与结构维度

第一节　研究过程

一、研究方法与思路

最合适的研究方法必须是和研究内容与研究目的紧密相连的①。本章的内容和目的是探索健康人力资本的概念内涵和结构维度，而它们的研究还处于起步阶段。为此，本章进行质性研究，它适用于探索健康人力资本这一概念内涵尚不清晰的构念，因为它明晰了研究对象所有的性质特质，进而将研究对象和其他对象区分开来②③。质性研究表示在研究者和被研究者的互动中，通过深入的体验、调查和分析，对事物形成一个全面深刻的认识，包括明确研究对象、开展深度访谈、整理和编码访谈资料、反复提炼与对比等具体操作过程④⑤。深度访谈是质性研究中的一种常用方法。本章遵循深度访谈的一般流程，采取半结构化的方式，即通过面对面的交流，预先建立开放式访谈提纲，

---

① 田广，刘瑜，汪一帆. 质性研究与管理学科建设：基于工商人类学的思考 [J]. 管理学报，2015，12（1）：1-10.

② 王富伟. 质性研究的推论策略：概括与推广 [J]. 北京大学教育评论，2015，13（1）：40-55.

③ 王璐，高鹏. 扎根理论及其在管理学研究中的应用问题探讨 [J]. 外国经济与管理，2010，32（12）：10-18.

④ SILVERMAN D. Qualitative research [M]. London：Sage Publications，2016.

⑤ 田广，刘瑜，汪一帆. 质性研究与管理学科建设：基于工商人类学的思考 [J]. 管理学报，2015，12（1）：1-10.

但不完全按照提纲进行，而是在实际访谈过程中随时补充并追加问题①。

正如前文所说，健康人力资本的研究集中在经济学领域。由于研究范式的不同，健康人力资本通常被视为一个整体的概念，采用投入法、产出法、指数表等方法进行整体测量。事实上，健康人力资本的内涵丰富，但现有研究并未对其内涵进行深入考察，对它和一般健康、人力资本等相关构念的区别也不够清楚。不仅如此，健康人力资本还包含着不同的类型，如果将其视为一个单维的结构，不仅难以深入考察，相关的结论还缺乏一致性。根据 WHO 的界定，一般健康是一个多维结构，包含生理、心理和社会三个方面，国内学者还补充了道德健康这一内容，相关的研究还存在争议。因此，我们需要在深度访谈的过程中对健康人力资本的概念内涵和结构维度进行探索和提炼。

二、访谈资料获取

（一）访谈提纲设计

本书的访谈提纲主要包含三个部分：其一，受访者的基本信息。该部分不仅希望获取受访者的基本信息以方便资料整理，还有一个潜在且更重要的目的，就是通过轻松的聊天方式，消除受访者的戒备心，简单了解受访者的工作信息、健康状况等。这一部分不做深入的追问，以避免触及个人隐私而造成受访者产生抵触情绪。其二，主要了解健康人力资本的概念内涵。受访者将主要被问及"您觉得一般意义上的健康包含哪些内容？""您觉得怎样算是一个健康的人？""您觉得健康能为组织带来经济价值吗？"等问题。其三，对健康人力资本的维度进行考察。这一部分包括"您觉得一个人需要做到哪些方面才能被视为健康的个体？""您理解的健康由哪些方面构成？""除了身体健康，您还能想到哪些和健康有关的信息？"等问题。需要说明的是，作为一种半结构化访谈，研究团队及时对访谈效果进行评估，有必要时会对访谈提纲进行微调，包括补充个别问题，或者改变提问的方式等。本书的访谈提纲详见附录一。

（二）访谈对象

本书访谈了 45 个具有代表性的访谈对象。根据访谈对象所从事的工作，本书将其分为专家组和员工组，其中专家组包括 5 个大学教师、6 个医生、

---

① 孙晓娥. 深度访谈研究方法的实证论析［J］. 西安交通大学学报（社会科学版），2012，32（3）：101-106.

4个企业高管和5个人力资源部门主管，员工组包括普通办公室白领11个、自雇者6个和来自生产车间的一线员工8个。以上的访谈对象既有从事健康人力资本领域研究的专家，也有从事和健康密切相关工作的医疗工作者，还有自身工作性质涉及诸多健康内容的普通员工。因此，本书的访谈对象具有代表性和针对性，为获取到最真实和最详细的健康人力资本信息提供了坚实的基础。此外，本书在访谈过程中严格遵守深度访谈的伦理准则，如知情参与、保密性等①。详细的访谈对象基本信息如表3-1所示。

表3-1　访谈对象基本信息

组别	访谈对象	人数/个	具体工作
专家组	大学教师	5	健康经济学教师1个，人力资源管理教师2个，心理学教师2个
	医生	6	内科医生2个，外科医生2个，康复中心指导师2个
	企业高管	4	国有企业副董事长1个，民营企业董事长3个
	人力资源部门主管	5	国有企业人事科长1个，民营企业人事经理3个，事业单位人事科长1个
员工组	普通办公室白领	11	财务工作者3个，程序员4个，营销策划员4个
	自雇者	6	滴滴驾驶员2个，外卖送餐员4个
	生产车间一线员工	8	某手机代工厂材料组装车间员工3个，喷漆车间员工3个，抽检车间员工2个

（三）访谈过程

本书的访谈包括面对面访谈和网络访谈。面对面访谈是传统的访谈方式。在面对面访谈中，研究者不仅可以聆听并记录受访者的原始话语，近距离观察受访者的面部表情、肢体动作等，从而推测其心理活动，还可以通过即时互动来调整访谈的方向和内容。不仅如此，面对面访谈还能拉近访谈者和受访者之间的心理距离，减少隔阂。近年来，随着互联网的迅速发展，借助聊天软件开展网络访谈也被很多研究者接受和采用，因为这种方式可以让受访者畅所欲

① 孙晓娥. 深度访谈研究方法的实证论析［J］. 西安交通大学学报（社会科学版），2012，32（3）：101-106.

言，并且实时记录聊天过程①。这两种方式各有优劣，本书主要根据受访者的意愿和距离远近而灵活使用这两种访谈方式。访谈工作在 2019 年 3—6 月开展，在理论抽样饱和即没有更多新的重要信息出现的情况下停止访谈。研究团队在每次访谈结束后还整理了备忘录，也就是将访谈时产生的感想、思考以及启示记录下来并保存。备忘录一方面可以积累访谈经验以提高下次访谈效果，另一方面还可以用作后续补充资料以供分析。

第二节　访谈资料整理及编码

为了消除个人偏见并减少编码误差，课题组成员（A）还邀请了人力资源管理专业的一位博士研究生（B）和一位讲师（C）共同作为编码分析人员。整理资料时，A 和 B 负责将全部访谈录音、微信聊天记录等信息整理为文本资料，使之成为原始的分析材料。在编码过程中，A 和 B 各自完成一半访谈资料的编码，C 负责监督编码过程，并对编码结果进行审核。出现异议时，三位分析人员展开讨论，必要的时候进行重新编码，最终达成一致直至通过。

三位编码分析人员按照程序化编码原则对资料进行编码，即"开放式编码—主轴编码—选择性编码"流程②。首先是开放式编码，对资料信息进行整理和概念化提炼，仔细浏览文本资料，逐字逐句进行分析。该步骤将类似信息及受访者语句编码到相同的一级节点下。本书初步提取了 376 个有效信息源。考虑到篇幅所限，我们摘选部分开放式编码片段，以展示编码过程。

问：请谈谈您工作中和员工健康有关的内容。

我的工作是负责公司中的人力资源管理方面的事情。据我所知，一些大型企业确实有较为完善的健康管理体系，如为员工提供<u>健身房、定期心理辅导</u>等。但是对我们企业而言，由于规模较小，员工数量也不是很多，很难产生健康福利的规模效应。我们对员工的健康管理主要是<u>每年一次的体检</u>，以前购买

---

① CHEN G H, BAO J G, HUANG S S. Developing a scale to measure backpackers' personal development [J]. Journal of travel research, 2014, 53 (4): 522-536.

② STRAUSS A, CORBIN J. Basics of qualitative research [M]. London: Sage Publications, 1990.

的体检套餐是中下等级的，近一两年我们也意识到健康的重要性，因此购买了更丰富的检查项目套餐。但体检仅是生理指标的检查，不足以反映健康的全部内容。我在招聘工作中还发现，现有一些员工会在意公司在健康方面的福利，包括办公环境、有没有健身馆、午餐配置等，说明应聘者有一些健康方面的诉求。而我们作为人力资源管理部门的员工，是希望通过增加这些相关的福利来吸引员工的，并且希望能够以此提高他们入职后的积极工作状态（样本18）。

问：那您认为的健康还包括哪些内容？特别是针对工作场所中的员工而言。

如果这样问，健康就包含比较多的内容了。最近我陆续也有看到一些企业高管自杀的新闻，他们的身体似乎没有什么太大的问题，当然，他们选择轻生的理由有很多，在工作场所遭遇不开心也是常有的事。因此，我认为健康应该包含好的心情，这种好心情不仅是家庭和谐的反映，也是在工作中能得到快乐的体现。为了实现这一想法，我考虑过为员工在工作中增加一些趣味性的事物。我想每个月都做一个主题活动，如果员工能够围绕当月主题做好相应的工作，就会获得奖励。例如，下个月可以定为健身主题月，当月走路步数最多的员工将获得一等奖。但是呢，这些政策很难落地，其中一个原因是需要领导审批，另一个原因是众口难调，很难找到使每位员工都能公平参与的活动。我其实是很乐意去做这些事情的，因为加班在公司是一种常态，身处人力资源部门，自然希望员工有稳定的工作时间，保持愉悦的心情（样本18）。

问：除了好的心情以外呢？

那继续前面说的高管自杀事件，我想除了好的心情以外，企业专门的健康管理政策也是必需的。但就像我们之前聊到的，体检只能反映生理指标，员工的内心世界无从得知。说句直白的话，大部分老板哪关心员工的心理健不健康，作为以营利为目的的机构，更加关注员工能够带来什么，一旦创造价值的能力失去了，企业会变着花样解除合同。当然，也不是所有企业都这样。但总的来看，企业会不断施加压力给员工，隐性加班普遍存在。这对健康是很有影响的，不仅是身体上的承重，也是心理上的负担。因此，我认为工作压力也是健康的一部分（样本18）。

问：您的工作是什么？对您的健康有影响吗？

我的工作是对手机的后壳进行组装，虽然大部分操作都是由机器完成的，但有些操作需要在机床上由人工进行处理。我们大概15个人一起坐在机床边上，然后各自完成主管安排的任务。现在车间的安全制度都很完善，像我们这种比较大型的加工厂，基本上不会有操作上的危险，除非完全不遵守操作规范。但是，我觉得工作对我的健康状况还是有影响的，因为要长时间重复同样的动作，这会造成肩膀不舒服，而我们不能自己想停下来就停下来。还有就是吃饭的时间，由于我们工厂是24小时运行的，白天和晚上都有人，晚班倒班的时候刚好遇到早上六点吃早饭的时间，然后回去补觉又容易错过午饭时间，这种不规律的吃饭时间对我们还是有影响，不过我们已经向主管反映过了，希望会有改善（样本43）。

问：刚才您说的健康主要是身体方面的，您觉得还有其他因素和健康相关吗？

当然有啊，新闻里面说的员工跳楼不就是心理不健康导致的嘛。作为同行，我其实没有特别意外，因为有些年轻人受不了这种日复一日的重复工作，而且我们这种做体力活的，出来打工本来收入也不高。像我这种本地人还好，外地人还要租房子，也不好找对象，特别是年轻人就很容易产生厌倦社会的想法。所以我觉得心态要好，要正确地认识自己的能力，不然容易对自身心理健康造成影响。我们那时候读书成绩不好，没有文凭，年龄又大了，现在没有高收入是很正常的，如果看不开这些事情，每天就生活在抱怨当中，长期下去心理方面和生理方面都容易出问题。但是呢，不是说我们上班的态度就是敷衍的，该做的事情还是要做好，主管安排的工作都要认真完成，只是说我觉得要对自己有一个清晰认识，对生活和工作要有一个积极心态。还有就是我们来自各个地方，什么样的人都有，年龄在20~60周岁，有些人适应不了这种工作，平时也不爱说话，每天就只做自己的事情，基本不与外界交流。这种现象在我看来也是一种不健康的表现（样本43）。

本书对开放式编码的结果进行了梳理，将一些重复的信息源归纳到同一个节点，如样本18中人力资源经理提到的"隐性加班普遍存在"，以及样本43中一线操作者提到的很难按时下班的情况，两者同时归纳为"加班现象"。最终，本书从376个信息源中共提取了124个自由节点，即初始概念，这些节点围绕健康人力资本展开，反映了健康人力资本的内容信息，基本刻画了健康人力资本的概念内涵以及可能存在的维度。紧接着，本书对这124个初始概念按其潜在或外在属性黏合在一起，进一步形成可区分的副范畴，共计16个。

其次是主轴编码，即对提炼的概念和副范畴加以归纳聚类。本书参照以往研究的成熟处理办法，将 16 个副范畴打印在 4 套卡片上，邀请前期参与了访谈提纲讨论的人员，以及目前的 3 位编码分析人员共同进行提炼和归类，不存在争议的分类直接通过，存在争议的分类经过反复讨论直至通过①。经过以上的步骤，最终一致认可这 16 个副范畴可划归为 3 个主范畴：机体功能、心理品质和职业适应性。

最后是通过选择编码发现核心类别，连接并能够解释其他类别，以核心类别为中心形成完整的解释构架。表 3-2 举例展示了从访谈资料提取初始概念，再形成副范畴，最终刻画健康人力资本结构维度的过程。

表 3-2　编码过程示例

主范畴	副范畴	初始概念	访谈记录举例
机体功能	生理状况；体力充沛；精神面貌；工作活力	▷ 拥有较强的免疫力 ▷ 器官功能正常 ▷ 饮食习惯健康 ▷ 能完成一定的体力活 ▷ 生活方式规律 ▷ 充满活力 ▷ 没有经常疲惫 ▷ 精力饱满 ▷ ……	▷ 健康是指身体的各个器官功能正常，具备抵抗疾病的免疫力，但人总是会生病的，重点是对疾病的抵抗和恢复 ▷ 健康是能够抵抗一定疾病的能力，在复杂的环境中自身健康能力是生活和事业的重要保障 ▷ 我希望我能够保持活力，每天都能以饱满的精神状态面对工作，拒绝成为萎靡不振的人 ▷ 我的学生特别喜欢熬夜，久而久之各种身体上的疾病就开始出现了，但这种不规律的生活习惯又很难改掉，较差的作息也对他们第二天的精神状态产生了不好的影响 ▷ 我觉得或许不健康更好理解，即那些有生理功能障碍、心理不健康、无法适应社会的人 ▷ ……

① FARH J L, ZHONG C B, ORGAN D W. Organizational citizenship behavior in the people's republic of China ［J］. Organization science，2004，15（2）：241-253.

表3-2(续)

主范畴	副范畴	初始概念	访谈记录举例
心理品质	心态乐观； 情绪智力； 工作压力应对； 情感调节能力； 自尊心； 工作责任心	▷ 相信自己的能力 ▷ 不易怒 ▷ 能够应对工作压力 ▷ 与他人友好相处 ▷ 懂得释放负面情绪 ▷ 敢于承认错误和承担责任 ▷ 不被外界诱惑动摇 ▷ 积极应对挫折 ▷ 没有总是怨天尤人 ▷ 认真做好本职工作 ▷ 主动发现工作中的潜在错误 ▷ 对工作进行反思 ▷ 善于发现事物美好的一面 ▷ 能够为错误感到羞愧 ▷ ……	▷ 我觉得能否抵御外界的诱惑是健康的重要标准，正所谓"勿以恶小而为之"，如很多健康的人就是因为抵抗不了诱惑而变得不那么健康 ▷ 我们必须摆脱不良情绪的束缚，否则会陷入恶性循环，这种被情绪困扰的情况很容易造成心理不健康 ▷ 工作和生活中难免遇到各种各样的挫折，那些健康的人往往能够积极去应对，从而战胜挫折。而这说起来容易，做起来却很难 ▷ 同样的事情，在心理健康程度不同的人看来是不一样的，事物有很多面，而这种善于捕捉美好的能力非常重要 ▷ 我认为健康的人一定是知道羞耻的，他们会竭力避免重复类似的错误 ▷ ……

表3-2(续)

主范畴	副范畴	初始概念	访谈记录举例
职业适应性	道德观； 人际关系处理； 工作沟通能力； 组织文化认同； 学习发展能力； 环境变革适应	▷ 不断学习以获得进步 ▷ 主动开展学习 ▷ 明辨是非 ▷ 自觉维护公司的形象 ▷ 表达清楚工作内容 ▷ 没有社交焦虑 ▷ 不损人利己 ▷ 认可组织文化 ▷ 敢于面对挑战 ▷ 与人为善 ▷ 与领导有效沟通 ▷ 上下级关系处理较好 ▷ 同事关系恰当 ▷ ……	▷ 我有位同事在工作上经常做出奇怪的举动，小偷小拿的习惯非常不好，后来了解到他在生活中也这样，或许基本的道德就有问题 ▷ 我们在社会上生存难免会和各种人打交道，如何正确处理这种关系很重要 ▷ 我发现有些同事不喜欢与人沟通，总是独来独往，由此造成了一些潜在的问题，特别是协作完成工作时 ▷ 在这个复杂的社会中，环境每天都在改变，健康的人必须要能够适应并掌握环境，在不确定性中增加确定性 ▷ 我们公司以前希望打造狼性文化，但是在具体的实施过程中，很多员工表现出不适应，甚至有人因此离职 ▷ 我以前有个学生在学校期间表现优异，多次获得奖学金，但是步入社会后却始终无法融入，无法脱离以前的环境 ▷ ……

资料来源：根据访谈所获取的文本资料整理。

第三节 健康人力资本的意义构建

一、健康人力资本的概念内涵阐释

一个人的健康是其最重要的财产，没有健康，生命的基本活动就会受到限制，严重的甚至是完全被禁止。健康不只是生活的目标，它更是为每天的生活提供了必要的资源。每一个人的健康都是一个连续统一体，从一个极端的最佳健康状况到另一个极端的发病和死亡，人的一生都是在这个连续体中移动的，而不是保持恒定的状态①。健康是一种人力资本，是个体更好地生活和工作的基础，受到了来自经济学、卫生学、心理学、管理学等多个学科的关注。通过文献梳理本书发现，健康人力资本的内涵在各个学科中有不同的界定逻辑，如生物学上的机体健康论、医学上的完全状态论、经济学上的投入产出论。基于文献分析和访谈资料整理，本书基于组织管理的角度从健康人力资本内涵特征、健康人力资本概念辨析两个方面对健康人力资本的概念内涵进行了阐述。

（一）健康人力资本内涵特征

健康之所以能被称为一种人力资本，主要原因在于组织对员工健康进行投资后健康能够为组织提供经济价值。健康人力资本价值创造的能力可以从以下三方面加以论证：

第一，健康人力资本是员工日常生活中必不可少的一种服务性消费品。服务性消费品的含义表示，绝大部分理性消费者通过购买或其他有偿形式（如付出时间成本）来获取保健服务或保健活动消费，即直接进行健康消费，这使得消费者身体健康、心情舒畅，生活得更快乐，从而使消费者得到满足和效用。的确，拥有健康身体的员工总会比相对不那么健康的员工更幸福②，因为员工的健康水平除了和外在的活动能力有关外，还和员工的情感体验等因素有关③④。从这个角度来看，健康人力资本应当代表了一种积极的、有价值的、多面的健康属性。

第二，健康人力资本为员工提供了更多的健康工作时间，提高了其工作效率。健康工作时间就是员工参与日常工作、在职培训、完成考核等的无病活动时间，健康人力资本越高，个体拥有的健康时间就越多。当然，健康人力资本与先天遗传条件有关，每个人从一出生就从父母那里通过遗传获得了一笔财富，即初始健康存量，但是这种与生俱来的初始健康存量会随着年龄的不断增

---

① SCHULTZ A B, EDINGTON D W. Employee health and presenteeism: a systematic review [J]. Journal of occupational rehabilitation, 2007, 17（3）: 547-579.

② DANNA K, GRIFFIN R W. Health and well-being in the workplace: a review and synthesis of the literature [J]. Journal of management, 1999, 25（3）: 357-384.

③ GANSTER D C, ROSEN C C. Work stress and employee health: a multidisciplinary review [J]. Journal of management, 2013, 39（5）: 1085-1122.

④ SLEMP G R, VELLA-BRODRICK D A. Optimising employee mental health: the relationship between intrinsic need satisfaction, job crafting, and employee well-being [J]. Journal of happiness studies, 2014, 15（4）: 957-977.

长而大打折扣，年龄越大，折扣越多，人体健康存量就越少。随着组织的健康投资（如员工健康管理），个体的健康存量也能得以保持不变或增加。更为重要的是，健康人力资本使得员工更有效率的投入工作中。正如有学者所说，越健康的员工可能精力会越旺盛，因而能更长时间保持有效工作，或承担强度更大的工作；越健康的人生病的概率也会越小，因而停工和旷工的时间也越少①。因此，健康人力资本的本质也是一种具有直接经济价值的人力资本。

第三，健康人力资本增加了员工培训、技能培训等人力资本投资收益。组织对健康人力资本投资不仅直接提高了员工的健康人力水平，还能间接增加其他形式的人力资本收益。通俗来讲，与教育类人力资本不同的是，健康人力资本是基础性的人力资本，一个健康人力资本水平高的员工更能在继续学习、在职培训、技术开发等各方面表现良好②③④。因此，从这个角度来看，健康人力资本不仅本身具有经济价值，还能服务于其他人力资本，很可能对员工的工作产出和工作体验带来重要的影响。因此，健康人力资本的内涵还可能表现出基础性、间接性和服务性等特征。

（二）健康人力资本概念辨析

为了更好地界定健康人力资本，本书还对健康人力资本的概念进行辨析，以厘清它的概念边界。本书选取了 6 个相关的非物质资本的概念进行梳理和对比，包括心理资本、社会资本、职业生涯资本、智力资本、知识资本和文化资本。本书重点对心理资本和社会资本进行论述。首先是心理资本，它表示个体积极的心理状态，面对挑战时具有信心采取必要行动，对现在和未来的成功表示乐观，对目标坚持不懈，必要时改善通向成功的路径，被逆境和问题困扰时能够及时恢复，包含了自我效能、乐观、希望和恢复⑤。心理资本本质上是一种心理状态，它可以被外部环境干预，如有学者发现，真实型领导通过为下属

①　王弟海. 健康人力资本、经济增长和贫困陷阱 [J]. 经济研究，2012，47 (6)：143-155.

②　徐祖辉，谭远发. 健康人力资本、教育人力资本与经济增长 [J]. 贵州财经大学学报，2014 (6)：21-28.

③　同①。

④　于东平，段万春. 健康人力资本、教育人力资本与经济增长：基于我国省级面板数据的实证研究 [J]. 武汉理工大学学报（社会科学版），2011，24 (3)：332-336.

⑤　LUTHANS F，YOUSSEL-MORGON C M. Psychological capital：an evidence-based positive approach [J]. Annual review of organizational psychology & organizational behavior，2017 (4)：339-366.

树立信心等手段提高了下属的心理资本①。更为重要的是，心理资本促使员工更好地工作，个体在面对不满或挑战时高级的心理资本有助于提升其建言行为②。由此可见，心理资本和健康人力资本一样都能被组织投资并获得收益，这是它们作为资本的共性。也就是说，心理资本的界定表明，个体心理状态可以被视为一种资本。然而，心理资本反映的是个体的内心世界，它的本质是个体内心积极成长的心理状态；而健康人力资本还包含了身体健康方面的因素，或者说健康人力资本是建立在机体功能完备的前提下，而不仅是心理状态。

其次是社会资本，它表示依赖于社会环境中的信任而带来的义务和期许，基于社会结构的信息流能力，与规范相随的约束③；或是能够通过协调的行动来提高经济效率的社会网络、信任和规范④。如果将社会看成一张大网，社会资本的概念内涵聚焦于网络资源上，它不仅体现了个体通过先赋继承和后天努力获得的资源，还可以动员自身社会网络中其他人的资源⑤。由此可见，社会资本是一种无形的社会连带，它与健康人力资本的区别在于社会资本是社会连带的结果，建立在人与人之间的基础上，而健康人力资本重点描述的是单个个体的状态⑥。社会资本的界定进一步表明了资本的内涵是非常宽泛的。其他各类资本的界定和研究也为健康人力资本的概念提供了参考，本书对其进行了整理，如表3-3所示。

---

① 韩翼，杨百寅.真实型领导、心理资本与员工创新行为：领导成员交换的调节作用 [J].管理世界，2011（12）：78-86.

② 王雁飞，赵铭，朱瑜.心理资本与建言行为的关系：变革开放性和组织支持感的作用研究 [J].心理科学，2017，40（2）：455-462.

③ COLEMAN J S. Social capital in the creation of human capital [J]. The American journal of sociology, 1988（94）：95-120.

④ PUTNAM R, LEONARDI R, NANETTI R. Making democracy work：civic tradition in modern italy [M]. Princeton：Princeton University Press, 1993.

⑤ SCOTT J. Social network analysis：a handbook [M]. London：Sage Publications, 1991.

⑥ 朱荟.社会资本与身心健康：概念辨析基础上的关系再检验 [J].人口与经济，2016（6）：62-71.

表 3-3　典型的非物质资本概念内涵

资本类型	概念内涵	典型研究
心理资本	个体积极的心理状态	Luthans 和 Youssel-Morgon（2017）①
社会资本	能够通过协调的行动来提高经济效率的社会网络、信任和规范	Coleman（1988）②；Putnam 等（1993）③
职业生涯资本	从工作和非工作中积累的全部能力和经验	闫燕、邹晓燕、卿涛（2016）④
智力资本	能够为企业增加价值，创造和提升核心竞争能力的知识和能力	刘程军、蒋天颖、华明浩（2015）⑤
知识资本	知识资本是知识、信息、知识产权和经验等可用于创造财富的知识要素	程惠芳和陆嘉俊（2014）⑥
文化资本	个体拥有的使之在组织中获得更高地位的知识、技能和优势	Bauer 和 Erdogan（2014）⑦

资料来源：根据相关研究整理。

　　我们从健康人力资本与心理资本和社会资本等相关资本的辨析中可以总结出一些要点：第一，非物质资本是看不见、摸不着的，但同样具备投入、生产和产出以实现增值的资本属性，它们通常还表现出边际递增的趋势；第二，组织管理中的资本概念是宽泛的，它可以从员工的内心世界、精神状态、承诺规范、互动关系、能力和价值观等多个角度进行解释，健康水平作为一种人力资本是合理的，这也是从健康到健康人力资本的理论逻辑；第三，非物质资本的

　　① LUTHANS F, YOUSSEL-MORGON C M. Psychological capital：an evidence-based positive approach［J］. Annual review of organizational psychology & organizational behavior, 2017（4）：339-366.

　　② COLEMAN J S. Social capital in the creation of human capital［J］. The American journal of sociology, 1988（94）：95-120.

　　③ PUTNAM R, LEONARDI R, NANETTI R. Making democracy work：civic tradition in modern italy［M］. Princeton：Princeton University Press, 1993.

　　④ 闫燕, 邹晓燕, 卿涛. 国内外职涯资本的研究述评与展望［J］. 心理科学, 2016, 39（4）：998-1004.

　　⑤ 刘程军, 蒋天颖, 华明浩. 智力资本与企业创新关系的 Meta 分析［J］. 科研管理, 2015, 36（1）：72-80.

　　⑥ 程惠芳, 陆嘉俊. 知识资本对工业企业全要素生产率影响的实证分析［J］. 经济研究, 2014, 49（5）：174-187.

　　⑦ BAUER T N, ERDOGAN B. Delineating and reviewing the role of newcomer capital in organizational socialization［J］. Annual review of organizational psychology and organizational behavior, 2014, 1（1）：439-457.

界定需要厘清其依附主体，如心理资本依存在个体的内心世界，而社会资本强调个体在社会情境中的网络连带。总而言之，凡是有助于生产或交换的价值存量都可以被定义为资本。以上分析不仅说明了健康人力资本概念本身的合理性，还为界定健康人力资本的概念提供了参考。

在访谈资料、文献分析和以上论述的基础上，本书将健康人力资本界定为员工的生理功能、心理品质和职业适应性等用于保证工作开展、提升工作状态并实现职业成长的健康要素的总和。个人或组织可对健康人力资本进行投资并获得收益，体现了健康的资本属性。与健康功能理论对一般健康的阐述一致，健康人力资本构念也蕴含了个体状态、资源和能力三方面的内容。该定义包含了三个要点：第一，健康人力资本不同于一般健康，它是初始健康状态的延伸，即从个体舒适状态延伸为开展相关活动的能力，从个体生活的目标延伸为适应和改变环境的能力。第二，健康人力资本强调重视个体在组织生活中的表现，比一般生活情境中的健康人力资本更为专门化。需要注意的是，本书从个体微观层面定义了健康人力资本，而不是从组织层面，这一点关系到研究健康人力资本的形成机制和研究层次。第三，健康人力资本能够被组织开发和利用。组织对员工的健康人力资本进行投资，带来的是员工健康水平的提升，而这种规模性的提升又为组织的运转效率、持续发展和绩效等带来了促进作用，这种增值性也是资本本身的属性之一。

二、健康人力资本的结构维度阐释

根据深度访谈所获得的文本资料，利用经典的三级编码程序，本书探索出了健康人力资本的三维度结构，分别包括机体功能、心理品质和职业适应性。图3-1描绘了健康人力资本的结构维度及其所对应的部分关键信息源。

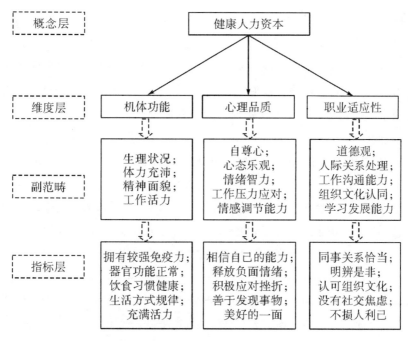

图 3-1　健康人力资本的结构维度及其所对应的部分关键信息源

以上的维度划分符合 WHO 于 1948 年对一般健康的界定，即健康不仅是没有疾病和羸弱的状态，还是一种生理、心理和社会适应的良好状态。然而，这种划分与国内部分学者倡导的四维健康有所不同，部分学者认为道德健康代表了调整人与人之间、人与社会之间以及人与环境之间利益关系的行为准则和规范的总和，特别是在中国文化背景下，道德健康似乎理应作为健康人力资本的一个单独维度①②③④。这种观点似乎并不完全可信，因为有学者指出，道德健康是借 WHO 之名臆造的结果，其后因不经考证的互相引用而导致以讹传讹，

————————

① 常运立，杨放，陈化，等.道德健康与道德创伤系列讨论之一：道德健康与道德创伤概念辨析 [J].中国医学伦理学，2018，31 (3)：293-298.

② 薛晓阳.道德健康的教育学刍议：兼议心理教育的伦理转向 [J].教育研究，2005 (11)：23-27.

③ 张学俊，王少林.道德健康：和谐社会的重要基石 [J].西安欧亚学院学报，2006 (2)：29-32.

④ 赵联.试论道德健康视角下的个体、社会与教育 [J].教育研究与实验，2010 (2)：57-60.

且与国外的道德健康概念及其研究不存在直接关联①。有学者直接提出，WHO 从未将道德健康视为健康的组成部分，道德健康其实来源于一些错误认识②。例如，将道德这一健康的影响因素误认为是健康的构成维度；将某些疾病的表现行为误认为是患者的道德水平低下等。本书赞成第二种观点，即道德健康并不是健康的维度之一，这不仅是因为无法查证 WHO 有关于道德健康的界定（本书查阅了 WHO 的官方网站和相关的文件，没有发现专门的道德健康这一说法），更是因为本书对深度访谈中获取的信息分析。

本书在深度访谈中获得的关于道德健康的文本信息难以和心理健康与职业适应性维度分析，彼此之间存在着内在统一性。事实上，大部分关于道德健康的信息都是在受访者谈及心理健康和职业适应性的时候提及的。本书认为，将道德健康单独作为一个维度存在不妥。首先，研究道德的目的在于我们要道德地对待自我、对待他人、对待自然，道德健康试图解决的问题是"以道德的方式适应社会"，它本质上是一种对环境的适应③④。本书界定的职业适应性的内涵包含了个人的存世标准、人与社会的和谐交流，代表了适应性，因此将道德健康作为职业适应性的内容之一更为贴切。其次，道德健康的内涵是指能够按照社会主流道德规范来指导或支配自己的思想和行为，具有辨别善与恶、美与丑、荣与辱的是非观念和能力⑤。有学者指出，道德健康很可能与心理健康存在交叉，甚至说道德健康是心理健康的内在前提⑥，因此道德健康很可能透过心理健康等特征表现出来，若是将其单独作为一个结构维度，很可能会出现重叠。在本书中，道德健康的信息被融合在心理品质和职业适应性中，而没有单独成为一个维度。下面，我们将对本书通过质性研究获得的三维度结构进行具体阐释。

---

① 周围，杨韶刚. 借鸡生蛋与以讹传讹：道德健康概念的提出及其合理性分析 [J]. 上海教育科研，2008（11）：26-29.

② 杨同卫，封展旗，武宜金，等."道德健康"辨驳：亦论道德与健康的关系 [J]. 医学与哲学，2019，40（1）：21-23.

③ 薛晓阳. 道德健康的教育学刍议：兼议心理教育的伦理转向 [J]. 教育研究，2005（11）：23-27.

④ 赵联. 试论道德健康视角下的个体、社会与教育 [J]. 教育研究与实验，2010（2）：57-60.

⑤ 张学俊，王少林. 道德健康：和谐社会的重要基石 [J]. 西安欧亚学院学报，2006（2）：29-32.

⑥ 张忠，陈家麟. 论道德健康与心理健康：兼议心理健康教育功能、价值、目标的拓展 [J]. 教育理论与实践，2007（11）：53-56.

第一，机体功能维度。机体功能是健康人力资本中最基本的维度，它是员工生存并为组织创造价值的原始能力。机体功能并非完全来自组织投资，而是与员工的先天遗传、后天生长环境关系较为密切，但这并不代表组织无法对其投资或者投资收益不大。近几年社会上频发的"过劳死"现象，就是组织缺乏对员工机体功能的投资，这种不作为的态度导致无论拥有再高的初始存量，员工的机体功能在组织中也会降低，甚至消失殆尽。因此，机体功能是一个组织能够也必须进行开发和投资的维度，尤其是对于一些对身体素质要求较高的工种，带来的收益是员工健康的提升和组织持续发展的保证。根据本书的提炼，机体功能包含生理状况、体力充沛、精神面貌和工作活力四个内容，它是WHO界定的健康概念中的生理健康的延展。由于本书是基于组织管理的视角，所提取的内容主要是与员工工作相关的生理状态，而没有复杂的医学指标，这不同于健康调查简表（MOS 36-item short from health survey，SF-36）等所测量的内容。

第二，心理品质维度。心理品质就是员工保持性格正常、认知正确、情感适当、态度积极等状态的能力。当今社会罹患心理疾病的人不在少数，抑郁症、社交恐惧症、焦虑症等都严重影响员工正常的工作和生活。我们从访谈资料中了解到，特别是90后和00后这类新生代员工具有更强烈的心理诉求以及更敏锐的心理感受。换言之，这部分员工出现心理疾病的可能性更大，但这部分员工是组织的主力军，是组织人才梯队的核心力量。需要指出的是，由于本书关注的是健康人力资本，而不是普遍意义上的健康，因此心理品质不等同于心理健康。其差别在于心理健康是个体更为普遍的一种心理状态，它包括幼年时期的成长发育、客观环境的塑造影响等[①]；而心理品质更侧重于强调个体在组织中的心理健康，主要包括对工作的正确认知、压力应对能力、工作情感表达等，它是一种更为针对性的心理健康。如压力应对能力，在工作场所的心理体验和需求（压力源）对心理产生短期变化和长期变化的过程中[②]，个体如何应对压力，将压力转化为动力是一种优秀心理品质的体现。本书提炼的心理品质包含心态乐观、情绪智力、工作压力应对、情感调节能力、自尊心和工作责

① TAYLOR S E，BROWN J D. Illusion and well-being：a social psychological perspective on mental health［J］. Psychological bulletin，1988，103（2）：193-210.

② GANSTER D C，ROSEN C C. Work stress and employee health：a multidisciplinary review［J］. Journal of management，2013，39（5）：1085-1122.

任心六个内容。

第三，职业适应性维度。职业适应性是个体环境适应性在工作场所的专有表现。从现有研究来看，相较于机体功能和心理品质，职业适应性或许在组织管理中被讨论的次数最少。为了更好地理解职业适应性，我们就环境适应性进行阐述。环境适应性即适者生存，它从个体存世标准出发，以将人与环境互动的质量作为评判，具体的内容包括人与环境的关系、人与社会的关系、人与人的关系。更为直观地说，环境适应性是个体在特定环境中做出某种行为的倾向，它是个体调整自己的行为以适应环境的一种个体属性。就职业适应性而言，它是个体能够顺应职业环境的变化以及能够解决职业发展中的现实问题所需具备的一系列特殊能力，包括组织融合能力、工作沟通能力、学习发展能力、情绪调节能力和职业转化能力五个方面①。也有学者认为，职业适应能力是一种心理资源，由于个体职业发展涉及四个内容（对未来工作角色的关心、对相关职业活动的掌控、对学习内容产生的好奇心、对执行自己做出的职业选择的信心），因此职业适应性包含关切、控制、好奇和自信四个内容②。

虽然这些划分方式具有一定的理论意义，但是健康人力资本视角下的职业适应性仍然表现出一些独特之处。根据相关梳理和访谈资料分析，本书认为职业适应性主要蕴含了六层含义：①不违反公认的道德规范和标准，即正常的道德观，它是一个人的基本存世标准。道德观的重要性往往适用于各种不同的场景中，如人们在和朋友相处时不能损人利己，这种观念同样适用于和同事相处③。因此，个体要具备正确的道德观，才能适应组织生活。②正确处理工作场所中的人际关系，即维持良好的同事关系和上下级关系等④。工作场所中的人际关系是所有在组织中工作的人不可逃避的现实问题，且充满了动态性，适

① 王益富. 企业员工职业适应能力：测量及影响机制 [D]. 重庆：西南大学，2014.

② SAVICKAS M, PORFELI E. Career adapt-abilities scale: construction, reliability, and measurement equivalence across 13 countries [J]. Journal of vocational behavior, 2012, 80 (3): 661-673.

③ 詹世友. 马克思的道德观：知识图景与价值坐标 [J]. 道德与文明，2015 (1)：46-55.

④ CROPANZANO R, ANTHONY E L, DANIELS S R, et al. Social exchange theory: a critical review with theoretical remedies [J]. Academy of management annals, 2017, 11 (1): 479-516.

应人际关系是职业适应能力的重要内涵①②。③良好的沟通能力是个体适应组织生活的重要内容，它对于了解工作安排、协调工作进度、寻求工作帮助等起到了重要作用③④。④学习也是个体适应性的重要内容，因为只有不断地学习才能适应日新月异的知识与技术要求⑤。⑤组织为了适应政策、文化和竞争市场等的变化，必然在内部进行变革，它将打破既有的规则和模式，因此适应组织变革同样是职业适应性的内容之一⑥。⑥文化匹配，由于组织固有的行为方式、文化传统等，员工往往需要学着主动去适应组织文化，若不适应组织文化，很容易产生消极的工作态度⑦⑧。因此，本书将职业适应性归纳为在一定道德观的基础之上，员工所具备的可以正确处理人际关系、良好的沟通技能、不断学习以获得发展、认同组织文化和适应组织环境变革的能力的总和。

总体来说，我们通过访谈包括大学教师、医生、企业高管和一线员工等在内的45名具有代表性的对象；在访谈方式上采用开放式的深度访谈模式，即预先只拟定提纲，具体问题根据访谈情况及时调整；文本资料编码采用程序化三级编码方式，从开放式编码到主轴编码再到选择性编码，以此提炼出健康人力资本的概念内涵，并涌现出三维度结构，分别命名为机体功能、心理品质和职业适应性。

① MACKEY J D, III B P E, HOCHWARTER W A, et al. Subordinate social adaptability and the consequences of abusive supervision perceptions in two samples [J]. The leadership quarterly, 2013, 24 (5)：732-746.

② REICH T C, HERSHCOVIS M S. Interpersonal relationships at work [M]. Washington：American Psychological Association, 2011.

③ 唐贵瑶，于冰洁，陈梦媛，等.基于人力资源管理强度中介作用的组织沟通与员工创新行为研究 [J].管理学报，2016，13 (1)：76-84.

④ 严文华.20世纪80年代以来国外组织沟通研究评价 [J].外国经济与管理，2001 (2)：15-20.

⑤ 屠兴勇，杨百寅，张琪.学习目标取向、共享意愿与员工创造力：机理与路径 [J].科学学与科学技术管理，2016，37 (2)：161-171.

⑥ 贺小刚，朱丽娜，吕斐斐，等.创业者缘何退出：制度环境视角的研究 [J].南开管理评论，2019，22 (5)：101-116.

⑦ SMOLLAN R K, SAYERS J G. Organizational culture, change and emotions：a qualitative study [J]. Journal of change management, 2009, 9 (4)：435-457.

⑧ VAN VIANEN, A E M. Person-environment fit：a review of its basic tenets [J]. Annual review of organizational psychology & organizational behavior, 2018 (5)：75-101.

第四章　健康人力资本的测量体系
与量表开发

第一节　健康人力资本测量体系的构建

一、健康人力资本测量体系的构建思路

随着学界对健康人力资本重视程度的提高，以及对健康人力资本概念本身的认识不断深入，现有研究对健康人力资本的测量方式呈现出从单维到多维、从客观到主客观结合的发展。就现有文献来看，健康人力资本的测量体系主要来自经济学领域，其理论基础是：对健康人力资本的测量既要考虑投入效应，又要分析产出效应。因此，我们可以从投入和产出两个角度来分析健康人力资本的指标。在投入方面，有学者认为，健康人力资本的测量体系包含五大指标：生活方式（体育投入、平均睡眠时间、旅游人数）、医疗（全国卫生总费用、卫生总人数、每千人床位数等）、保健（健康意识、体检次数、人均体育场地等）、环保（森林覆盖率、环境投入的 GDP 占比等）和教育（教育经费投入、受教育年限等）①。在产出方面，健康、教育和社会经济三方面可以作为衡量指标。这类宏观的测量体系显然无法运用到组织管理中，但仍有可以借鉴之处，如将企业的健康支出（体检等）作为测量体系的内容。在数据方面，此类测量往往采用二手数据，如某年份的统计年鉴、中国健康与营养调查数据

---

① 汪泓，张健明，吴忠，等.健康人力资本指标体系研究［J］.上海管理科学，2017，39（4）：30-34.

库等。总体来说，这类测量体系具有一定的指导意义，但在组织管理层面的操作性不强，特别是对大部分中小企业来说，健康人力资本的投入只是员工体检费用。为了更好地说明本书试图构建的健康人力资本测量体系，我们呈现了汪泓等（2017）构建的健康人力资本测量体系①以供对比（见图4-1）。

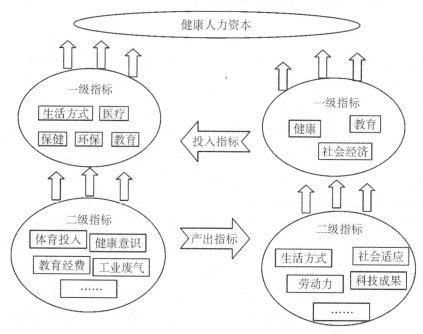

图4-1　基于投入产出视角的健康人力资本测量体系②

可以看出，该测量体系无法运用到以企业员工为载体的组织管理研究中，因此我们有必要基于人力资源管理和组织行为学这类以"人"为基础的学科进行探索。例如，无论是学界还是业界都很难客观地测量某员工的幸福感水平，即使工资收入这种非常客观的指标，也很难说明高收入的员工就一定幸福。因此，学者往往会采用主观幸福感评价的方式测量个体的幸福感。例如，学者们在构建员工幸福感测量体系时，工作幸福感、家庭幸福感等指标都采用

　　① 汪泓，张健明，吴忠，等.健康人力资本指标体系研究［J］.上海管理科学，2017，39（4）：30-34.
　　② 同①。

员工自评进行报告①。换句话说，幸福感通常是主观幸福感，而健康，本书也认为通常是主观健康。因此，本书将采取和现有研究较为不同的测量体系构建方式，对健康人力资本的测量体系进行分析。

二、健康人力资本测量体系的构建指标

基于前文对健康人力资本概念内涵的探索，健康人力资本在一定程度上是一个较为主观、强调个人感受的概念。具体而言，健康目前尚无广为认可的客观评价指标，一方面是因为健康涉及的内容较广，难以全部进行度量；另一方面是因为评价个体是否健康需要参考个体本人的看法。例如，就机体功能而言，很难测量到个体全部机体功能指标，而即使患有一些疾病的个体也不能称之为不健康。因此，本书对健康人力资本测量体系的构建有别于经济学领域现有的研究，而是采取人力资源管理和组织行为学常用的范式，即强调个人的主观感受，将个体作为评价的主体。

根据前文基于扎根理论探索得出的结论，健康人力资本包含机体功能、心理品质和职业适应性三个维度。根据现有文献对概念测量体系的分析方法，概念的结构维度可视为测量该概念的一级指标②③④。具体到本书而言，机体功能、心理品质和职业适应性这三个维度正是健康人力资本测量体系的一级指标，即应从这三个方面去测量健康人力资本。更为具体地讲，文本分析还揭示了健康人力资本的二级指标，即编码过程中的副范畴。需要说明的是，正如前文提到的，健康人力资本的测量体系是一个以自评为基础的体系，因此所有的指标即使可以通过客观数据获取，也不在本书的研究范围之内。为了更好地呈现本书构建的健康人力资本测量体系，图4-2进行了汇总。

① ZHENG X, ZHU W, ZHAO H, et al. Employee well-being in organizations: theoretical model, scale development, and cross-cultural validation [J]. Journal of organizational behavior, 2015, 36 (5): 621-644.

② 林勋亮. 顾客导向的高速公路服务质量测量体系探索性研究 [J]. 管理评论, 2012 (2): 135-144.

③ 路遥，陈晓，朱炫屹，等. 公共环境下的个体成长：多维科学文化水平测量体系构建与分析 [J]. 技术经济, 2020 (1): 161-167.

④ 王宝，张明立，李国峰. 顾客价值测量体系研究 [J]. 中国软科学, 2010 (2): 142-152.

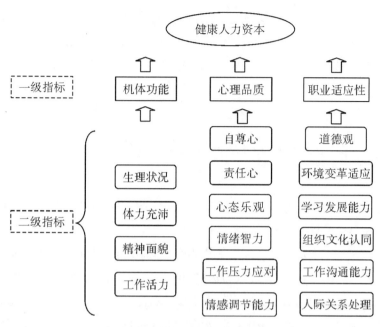

图 4-2　健康人力资本测量体系

三、健康人力资本测量体系的运用

由于本书从人力资源管理和组织行为学的角度对健康人力资本的测量体系进行了构建，是健康人力资本现有研究中一种较为新颖的指标体系模式，因此有必要对其运用进行说明。具体而言，以往研究中的测量体系常常是直接利用现有的二手数据，并进行统计模型分析，如每千人床位可以通过相关部门的权威数据获取，再采用归一化、连环比例法等计算方法得到相应结果①。本书构建的健康人力资本测量体系以员工自评为基础，并采取主观的一手数据进行分析。但这种方法可行吗？具有足够的信效度吗？我们有必要进行更深入的考察。

事实上，由于健康在一定程度上是一个主观的概念，健康人力资本的测量也可以从个体感知的角度切入。从本书的健康人力资本测量体系可以看出，其具体指标均来自个体主观的评价内容，如工作压力应对能力等。基于此，在前

---

① 汪泓，张健明，吴忠，等.健康人力资本指标体系研究［J］.上海管理科学，2017，39（4）：30-34.

文概念内涵考察、结构维度分析、指标体系构建等的基础上，本书将根据经典的量表开发程序和方法，构建健康人力资本测量量表。这一方面是为了对健康人力资本自评式测量体系进行运用和检验，另一方面也是为健康人力资本后续的研究提供工作性支持。

第二节　健康人力资本量表的开发思路及设计

科学地测量某一构念是开展相应高质量实证研究的前提和基础，同时也是一项具有难度的挑战性工作。事实上，当前测量工具的匮乏为健康人力资本的定量研究带来了诸多不便，这在一定程度上阻碍了健康人力资本领域研究的发展与深化[①]。前文综述了健康人力资本的测量，包括为什么从人力资本的角度测量健康，以及宏观视角下的测量体系和微观视角下的测量体系。可以看出，当前健康人力资本的测量集中在经济学领域，主要指标包括营养摄入、死亡率等。的确，在经济学领域，通过构建健康人力资本测量体系，健康人力资本对个体和家庭收入、劳动力质量、区域经济增长等的影响作用已经得到普遍验证。然而，这些指标显然无法运用到组织管理研究中。为此，开发一套适合组织情境的测量工具是健康人力资本研究的基础。

本书主要应用定性研究和定量研究相结合的方法，依循量表开发的经典思路，按照一定的操作程序和步骤，包括初始条目构建（文本资料分析）、量表预测试、量表条目净化、探索性因子分析、验证性因子分析、收敛效度和聚合效度检验、大样本发放以检验一般适用性等[②]。该程序和步骤指导了众多经典量表的开发，如在中国文化背景下开发的消费者价值观测量量表[③]。本书的量表开发步骤可以概括为三个流程：第一，初始测量条目的开发，即从访谈资料和相关文献中生成可能的测量条目；第二，探索性因子分析，即利用统计分析方法解决数据间的复杂相关关系；第三，验证性因子分析，即对构念的稳定性

---

① 吕娜. 健康人力资本与经济增长研究文献综述 [J]. 经济评论，2009（6）：143-152.

② HINKIN T R. A brief tutorial on the development of measures for use in survey questionnaires [J]. Organizational research methods，1998（1）：104-121.

③ 潘煜，高丽，张星，等. 中国文化背景下的消费者价值观研究：量表开发与比较 [J]. 管理世界，2014（4）：90-106.

进行验证，也包括检验信效度。本书量表开发的技术路线如图4-3所示。

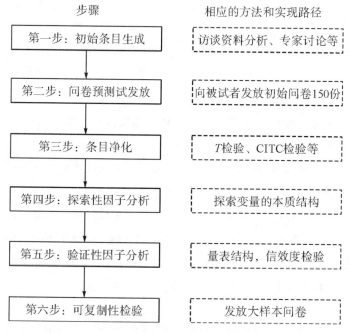

步骤　　　　　　　　相应的方法和实现路径

| 第一步：初始条目生成 | 访谈资料分析、专家讨论等 |

| 第二步：问卷预测试发放 | 向被试者发放初始问卷150份 |

| 第三步：条目净化 | T检验、CITC检验等 |

| 第四步：探索性因子分析 | 探索变量的本质结构 |

| 第五步：验证性因子分析 | 量表结构，信效度检验 |

| 第六步：可复制性检验 | 发放大样本问卷 |

图 4-3　本书量表开发的技术路线

第三节　初始条目的建立

根据经典量表开发程度的观点，研究人员开发的条目将产生对目标构念的理论领域进行采样以证明内容有效性的度量，但研究人员开发的条目不可能覆盖到整个目标领域，重要的是从潜在信息中提取的条目能够充分代表目标构念①。本书的初始条目主要来自深度访谈获取的资料，在前述质性研究资料编码的基础之上，文本中描述了健康人力资本概念的信息逐步显化。例如，来自生产车间的一位员工和来自内科的一位医生分别提到以下内容：

---

① HINKIN T R. A brief tutorial on the development of measures for use in survey questionnaires [J]. Organizational research methods，1998（1）：104-121.

"我的工作大部分时间都会和化学物质接触，不过公司有非常严格的保障措施，进出车间都需要消毒杀菌，还需要换上专门的工作服。因此，我会觉得健康就是要遵守公司的规章制度。此外，由于我们的工作是重复性的，每天做的事情都一样，而且都是比较机械式的，我上班会觉得心情并不是很舒畅，但是挣钱的想法又使我要坚持下去。所以我觉得每天做的事情是否有乐趣，或者说是否是自己的兴趣，这也是健康的一方面"（样本42）。

"我在诊疗的过程中发现大部分年轻人都没有良好的生活作息习惯，熬夜、赖床十分常见，这种生活方式的不健康会导致很多问题，但往往是间接的，因此难以引起足够的重视。还有饮食习惯也是反映健康的重要指标，如我国胃癌发病率最高的地区在西北，一个很重要的原因是当地居民长期吃酸菜、咸菜等腌制食品。因此，就我个人而言，我很难去界定什么是健康，对健康的测量更是无法准确描述，因为遗传、自然环境、社会环境等都会影响健康，我比较重视生活作息是否规律，以及饮食习惯是否合理，或者说我觉得'生活习惯'和'饮食习惯'是健康的代名词"（样本10）。

从以上的访谈资料举例可以看出，不同的人对健康人力资本的理解存在着明显区别，这受到成长环境、从事工作、自然环境等多方面的影响。第一位访谈者的回答启示我们个体的工作情感体验是健康人力资本需要测量的内容之一，而第二位访谈者的回答则暗示我们健康人力资本可能要从生活习惯和饮食习惯进行测量。在形成测量条目时，本书参考了 Hinkin（1998）[①] 的建议，如一个条目只集中反映一条信息，避免出现指代不清的模糊条目。举例说明，"我的上级是一个睿智并且充满热情的人"，此处的"睿智"和"充满热情"反映了两条信息，不是一条科学的测量条目。本书在初步获得的 124 个自由节点上形成了 59 个初始条目。本书邀请了相关专家对这 59 个条目进行审阅，一方面是对条目本身的逻辑性进行分析，另一方面也对条目的文法表达进行了修订，以更符合企业的实际情况。

---

① HINKIN T R. A brief tutorial on the development of measures for use in survey questionnaires［J］. Organizational research methods, 1998（1）: 104-121.

第四节　初始量表数据的获取

在编制了包含 59 个初始条目的健康人力资本测量量表基础之上，本书向企业员工发放问卷以收集数据，并对初始量表条目进行净化。为了促使填写者对问卷进行认真填写，本书在问卷填写结束后设置了抽奖环节，并在问卷发放时便告诉填写者。本书共发放了 200 份问卷，回收了 168 份，回收率为 84.00%，剔除明显错误的问卷，如所有答案都一样，或是填写时间小于一分钟等，共获得了 157 份有效问卷，有效率为 78.50%。健康人力资本量表预测试人口统计学指标如表 4-1 所示。

表 4-1　健康人力资本量表预测试人口统计学指标

指标	类别	频数
性别	男	87
	女	70
年龄	21~29 周岁	52
	30~39 周岁	55
	40~49 周岁	39
	50 周岁及以上	11
学历	大专及以下	56
	本科	77
	硕士	24
工作年限	1~5 年	58
	6~10 年	44
	11~15 年	22
	16~20 年	9
	21 年及以上	24

第五节 健康人力资本量表初始条目的提纯

一、健康人力资本各条目 T 检验

在对健康人力资本初始量表进行 T 检验之前，我们进行了正态分布检验，检验结果如表4-2所示。

表4-2 健康人力资本量表各题项数据正态性检测

条目	均值 统计量	偏度 统计	偏度 标准差	峰度 统计	峰度 标准差	条目	均值 统计量	偏度 统计	偏度 标准差	峰度 统计	峰度 标准差
A1	4.00	-0.53	0.19	0.59	0.39	A26	3.49	-0.68	0.19	-0.70	0.39
A2	3.99	-0.46	0.19	1.56	0.39	A27	3.28	-0.44	0.19	1.03	0.39
A3	4.11	-0.89	0.19	0.89	0.39	A28	4.30	-1.19	0.19	0.76	0.39
A4	3.99	-0.55	0.19	-0.67	0.39	A29	4.10	-0.91	0.19	0.59	0.39
A5	4.06	-0.34	0.19	-0.48	0.39	A30	3.92	-0.17	0.19	1.56	0.39
A6	4.18	-0.57	0.19	-0.36	0.39	A31	3.04	-0.11	0.19	-1.18	0.39
A7	3.99	-0.20	0.19	-0.74	0.39	A32	3.99	-0.31	0.19	-0.47	0.39
A8	3.99	-0.09	0.19	0.00	0.39	A33	3.96	-0.27	0.19	-0.51	0.39
A9	3.96	-0.35	0.19	2.09	0.39	A34	3.90	-0.64	0.19	0.78	0.39
A10	4.10	-1.35	0.19	-0.78	0.39	A35	4.02	-0.38	0.19	-0.30	0.39
A11	4.01	-0.12	0.19	-1.27	0.39	A36	3.32	-0.29	0.19	-0.16	0.39
A12	3.15	-0.40	0.19	-0.51	0.39	A37	2.66	-0.10	0.19	-1.75	0.39
A13	3.94	-0.12	0.19	-0.31	0.39	A38	3.50	-0.75	0.19	-0.40	0.39
A14	4.02	-0.32	0.19	-0.29	0.39	A39	3.69	-1.05	0.19	0.71	0.39
A15	4.08	-0.53	0.19	-0.17	0.39	A40	3.85	-1.02	0.19	0.39	0.39
A16	4.10	-0.51	0.19	0.04	0.39	A41	2.71	0.13	0.19	-1.31	0.39
A17	4.18	-0.67	0.19	2.31	0.39	A42	3.95	-0.37	0.19	-0.37	0.39
A18	4.38	-1.39	0.19	-1.50	0.39	A43	3.93	-0.38	0.19	-0.20	0.39
A19	2.76	-0.14	0.19	-0.75	0.39	A44	3.59	-0.91	0.19	-0.39	0.39

表4-2(续)

条目	均值	偏度		峰度		条目	均值	偏度		峰度	
	统计量	统计	标准差	统计	标准差		统计量	统计	标准差	统计	标准差
A20	4.04	-0.25	0.19	-1.17	0.39	A45	3.64	-1.07	0.19	0.49	0.39
A21	3.15	-0.39	0.19	-0.35	0.39	A46	3.68	-0.84	0.19	-0.59	0.39
A22	3.87	-0.18	0.19	0.08	0.39	A47	3.90	-0.99	0.19	0.82	0.39
A23	3.83	-0.54	0.19	-0.89	0.39	A48	3.95	-0.37	0.19	-0.37	0.39
A24	4.00	-0.25	0.19	-0.52	0.39	A49	4.10	-1.18	0.19	1.13	0.39
A25	3.95	-0.25	0.19	-0.78	0.39	—	—	—	—	—	—

如表4-2所示，全部题项偏度系数绝对值小于3，峰度系数绝对值远远小于10，表明样本数据符合多元正态分布，满足进行独立样本T检验要求。独立样本T检验的实质是判断在高分组和低分组在每个条目测量值的平均数的差异值是否达到显著（$p<0.05$）。随后，根据相关的建议，符合正态分布的数据以27%为分组临界值所得的可靠性最大，本书为此形成了前27%的受试者得分（高分组），以及后27%的受试者得分（低分组）[1]。这种分组方法是两个极端比较，比较结果的差异值称为绝对值或临界比（critical ratio，CR）。CR检验结果未达到显著的条目应当删除，因为一个高质量问卷的高分组和低分组在此题上的得分应该是具有明显差异的。该步骤在本书中的检验结果均达到要求，故没有删除条目。

二、健康人力资本各条目相关系数检验

除了进行极端值CR检验，我们还应当采取同质性检验作为判断标准，即考察单个条目与总分的相关性。一般来说，当某一条目与总分的相关系数小于0.4时，最好删除。表4-3汇报了健康人力资本量表各条目与总分的相关度。

---

[1] 吴明隆. 问卷统计分析实务：SPSS操作与应用 [M]. 重庆：重庆大学出版社，2010.

表4-3　健康人力资本量表各条目与总分的相关度

项目	健康人力资本总分	项目	健康人力资本总分	项目	健康人力资本总分	项目	健康人力资本总分
A1	0.808	A16	0.576	A31	0.366	A46	0.288
A2	0.671	A17	0.675	A32	0.433	A47	0.501
A3	0.624	A18	0.654	A33	0.460	A48	0.467
A4	0.804	A19	0.319	A34	0.421	A49	0.553
A5	0.739	A20	0.598	A35	0.542	—	—
A6	0.532	A21	0.328	A36	0.023	—	—
A7	0.707	A22	0.521	A37	0.338	—	—
A8	0.772	A23	0.541	A38	0.277	—	—
A9	0.796	A24	0.377	A39	0.755	—	—
A10	0.232	A25	0.675	A40	0.659	—	—
A11	0.826	A26	0.515	A41	0.347	—	—
A12	0.333	A27	0.761	A42	0.467	—	—
A13	0.619	A28	0.312	A43	0.428	—	—
A14	0.576	A29	0.696	A44	0.602	—	—
A15	0.619	A30	0.553	A45	0.640	—	—

从表4-3可以看出，A10、A12、A19、A21、A24、A28、A31、A36、A37、A38、A41和A46这12个条目不符合相关系数大于0.4这一阈值，因此我们考虑将其删除。

三、健康人力资本各条目信度检验

信度（reliability）是同质性检验的指标之一，代表了调查问卷的一致性、可靠性和稳定性，换言之，信度反映了某调查问卷是否可靠地真实测量了想要测量的内容。信度因此可以直观地理解为测量可以重复的程度[①]。信度包含很多类型，如内部信度（interrater reliability）、重测信度（test-retest reliability）

---

① KOO T K, LI M Y. A guideline of selecting and reporting intraclass correlation coefficients for reliability research [J]. Journal of chiropractic medicine, 2016, 15 (2)：155-163.

和外部信度（intra-rater reliability）。其中，内部信度表示多个评价者对同一事物进行评价的变异；重测信度表示跨越时间的一致性；外部信度表示某评价者在对不同调查问卷进行评价的可靠性。在计算方面，信度被定义为一组测量数据中真实得分（true score）的方差和实际方差的比例。一般来说，某构念包含的测量条目越多，其可能的信度得分就越高，但条目并非无节制的增加，否则就忽视了理论基础的意义。现有研究中有关类似李克特（Likert）量表的信度估计大多采用最多 Cronbach's α 系数进行评价[①]。在分析过程中，本书根据两个标准进行判断：一是初始量表整体的 Cronbach's α 系数，一般认为 Cronbach's α 系数需大于 0.7；二是测量条目与总体相关系数（corrected item-total correlation，CITC），该指标判断单个条目的信度，通常认为若某条目的 CITC 系数低于 0.5，应该删除该题项。分析结果显示，剩下的 37 个条目均通过了信度检验，故不删除条目。健康人力资本量表的 CITC 分析如表 4-4 所示。

表 4-4　健康人力资本量表的 CITC 分析

项目	删除项目后尺度平均数	修正的项目总相关	删除项目 Cronbach's α	项目	删除项目后尺度平均数	修正的项目总相关	删除项目 Cronbach's α
A1	143.910 8	0.775	0.937	A25	143.961 8	0.622	0.938
A2	143.917 2	0.664	0.937	A26	143.987 3	0.513	0.938
A3	143.802 5	0.526	0.938	A27	144.146 5	0.660	0.939
A4	143.923 6	0.755	0.937	A29	143.815 3	0.497	0.938
A5	143.853 5	0.679	0.937	A30	143.987 3	0.599	0.938
A6	143.732 5	0.443	0.939	A32	143.923 6	0.588	0.938
A7	143.923 6	0.647	0.937	A33	143.949 0	0.628	0.938
A8	143.923 6	0.692	0.937	A34	144.006 4	0.567	0.938
A9	143.949 0	0.703	0.937	A35	143.891 7	0.692	0.937
A11	143.898 1	0.737	0.937	A39	143.929 9	0.712	0.937
A13	143.968 2	0.738	0.937	A40	144.012 7	0.634	0.938

---

① 温忠麟，叶宝娟.测验信度估计：从 α 系数到内部一致性信度 [J]. 心理学报，2011，43（7）：821-829.

表4-4(续)

项目	删除项目后尺度平均数	修正的项目总相关	删除项目Cronbach's α	项目	删除项目后尺度平均数	修正的项目总相关	删除项目Cronbach's α
A14	143.891 7	0.642	0.937	A42	143.961 8	0.540	0.938
A15	143.828 0	0.558	0.938	A43	143.980 9	0.493	0.938
A16	143.815 3	0.721	0.937	A44	143.910 8	0.775	0.937
A17	143.726 1	0.623	0.938	A45	143.936 3	0.769	0.937
A18	143.528 7	0.650	0.939	A47	144.012 7	0.558	0.938
A20	143.866 2	0.530	0.938	A48	143.961 8	0.540	0.938
A22	144.038 2	0.563	0.938	A49	143.834 4	0.565	0.938
A23	144.082 8	0.531	0.938	——	——	——	——

四、健康人力资本各条目效度检验

效度（validity）是指测量结果的正确性或可靠性，而不是测量工具本身。效度包含三种类型，分别是内容效度（content validity）、校标关联效度（criterion-related validity）、建构效度（construct validity）。由于建构效度不仅有理论分析，还有严谨的统计检验方法，因此常被视为效度检验指标。共同性（communalities）是另一种同质性检验指标，它表示题项所能解释某种共同特质或属性的变异量①。共同性也可以被理解为共同因素对于各条目的解释变异量。换言之，当我们将健康人力资本这一构念限定为代表一种目标测量物时，其共同性的数值越高，表示能测量到此构念的程度越高；与之相反的是，如果题项的共同性越低，表示相应的题项能测量到的目标测量物程度越低。此外，因素负荷量（factor loading）则表示条目与目标测量物关系的程度，当其条目的共同因素的因素负荷量越高时，该条目与总量表的关系越密切，也就是说其同质性越高；而当某条目的共同因素的因素负荷越低时，该条目与总量表的关系越不显著，也就是说其同质性越低。健康人力资本量表因子载荷如表4-5所示。

———————

① 吴明隆. 问卷统计分析实务：SPSS 操作与应用 [M]. 重庆：重庆大学出版社，2010.

表 4-5　健康人力资本量表因子载荷

条目	初始	提取	条目	初始	提取
A1	1.000	0.876	A25	1.000	0.903
A2	1.000	0.509	A26	1.000	0.358
A3	1.000	0.644	A29	1.000	0.337
A4	1.000	0.855	A30	1.000	0.790
A5	1.000	0.539	A32	1.000	0.866
A7	1.000	0.732	A33	1.000	0.921
A8	1.000	0.788	A34	1.000	0.786
A9	1.000	0.734	A35	1.000	0.889
A11	1.000	0.781	A39	1.000	0.366
A13	1.000	0.822	A42	1.000	0.954
A14	1.000	0.649	A43	1.000	0.903
A15	1.000	0.341	A44	1.000	0.876
A16	1.000	0.822	A45	1.000	0.848
A17	1.000	0.723	A47	1.000	0.574
A20	1.000	0.633	A48	1.000	0.954
A22	1.000	0.786	A49	1.000	0.364
A23	1.000	0.432	—	—	—

从表4-5可以看出，A15、A23、A26、A29、A39、A49这6个条目的因素负荷量小于0.45，表示题项与共同因素间的关系不密切，此时，此题项可考虑删除。经过以上条目净化的步骤，健康人力资本的测量量表包含A1、A2、A3、A4、A5、A7、A8、A9、A11、A13、A14、A15、A16、A17、A18、A20、A22、A25、A27、A30、A32、A33、A34、A35、A40、A42、A43、A44、A45、A47、A48共31个条目。

第六节 健康人力资本量表的生成与验证

一、探索性因子分析

本书基于第一次收集的调查问卷数据进行探索性因子分析,尝试探索健康人力资本的主要维度,并检验各条目与各维度的适配性。我们需要先判断变量间是否具有相关性,根据常用的判别标准,本书以 KMO 值和巴特利特球形度检验值进行判断。结果显示,KMO 值为 0.902,KMO 值大于 0.8 表示变量间具有共同因素存在,适合进行探索性因子分析①。此外,巴特利特球形度检验的卡方值为 6 192.138,自由度为 465,达到 0.05 的显著水平,进一步说明适合进行因素分析。

之后,我们进一步采用主成分分析方法来提取特征值大于 1 的相关因子。数据结果显示,我们提炼出 3 个特征值大于 1 的因子,结构解释总方差的73.806%,符合大于 50% 这一标准。探索性因子分析如表 4-6 所示。

表 4-6 健康人力资本量表探索性因子分析

成分	初始特征值			提取成分后特征值			转置后特征值		
	特征值	解释方差百分比/%	累计解释方差百分比/%	特征值	解释方差百分比/%	累计解释方差百分比/%	特征值	解释方差百分比/%	累计解释方差百分比/%
1	13.278	42.834	42.834	13.278	42.834	42.834	9.475	30.563	30.563
2	5.705	18.402	61.236	5.705	18.402	61.236	7.160	23.097	53.660
3	4.563	14.721	75.957	4.563	14.721	75.957	6.912	22.296	75.957
4	0.965	3.112	79.069	—	—	—	—	—	—
5	0.804	2.594	81.663	—	—	—	—	—	—
6	0.672	2.169	83.832	—	—	—	—	—	—

---

① DZIUBAN C D, SHIRKEY E C. When is a correlation matrix appropriate for factor analysis? Some decision rules [J]. Psychological bulletin, 1974, 81 (6): 358-361.

表4-6(续)

成分	初始特征值			提取成分后特征值			转置后特征值		
	特征值	解释方差百分比/%	累计解释方差百分比/%	特征值	解释方差百分比/%	累计解释方差百分比/%	特征值	解释方差百分比/%	累计解释方差百分比/%
7	0.592	1.910	85.742	—	—	—	—	—	—
8	0.512	1.651	87.393	—	—	—	—	—	—
9	0.424	1.367	88.760	—	—	—	—	—	—
10	0.397	1.281	90.041	—	—	—	—	—	—
11	0.346	1.117	91.159	—	—	—	—	—	—
12	0.299	0.965	92.123	—	—	—	—	—	—
……	……	……	……						
31	0.023	0.073	100.000	—	—	—	—	—	—

注：抽取方法为主成分分析方法。

从表4-6可以看出，3个共同因子一共解释了健康人力资本73.806%的方差，说明健康人力资本量表具有很高的构念效度，可以认为157份样本初步验证了探索性因子分析的相关结论。进一步讲，表4-7汇报了旋转后的因子载荷结果，清晰地形成了3个共同因子，且这3个因子的组成与原先的理论假设基本一致。

表4-7 健康人力资本问卷因素分析结果

问卷条目	因素1	因素2	因素3
A1. 我的身体状况满足我当前的工作要求	0.141	0.889	0.145
A2. 我对疾病拥有较强的抵抗能力	0.143	0.685	0.197
A3. 我很少出现头晕或头昏的情况	0.179	0.561	0.172
A4. 我拥有较好的睡眠质量	0.137	0.907	0.117
A5. 我的身体没有功能性障碍	0.195	0.700	0.170
A7. 我有足够的力量承担相应的工作	0.046	0.859	0.091
A8. 在工作中，我有充足的精力应对各种问题	0.199	0.867	0.053

表4-7(续)

问卷条目	因素 1	因素 2	因素 3
A9. 我以饱满的精神状态投入工作中	0.171	0.843	0.140
A11. 完成一天的工作后，我不会觉得疲惫不堪	0.165	0.874	0.112
A13. 总的来说，我的身体处于一个良好的状态	0.142	0.883	0.154
A14. 我能够以积极乐观的心态应对工作中的难题	0.142	0.211	0.779
A15. 绝大多数情况下，我能够控制冲动	0.158	0.188	0.827
A16. 在我看来，发怒不是解决工作问题的有效办法	0.142	0.240	0.834
A17. 工作中，我对他人坦诚相见，不以谎言掩盖事实	0.126	0.160	0.877
A18. 我能够妥善管理在工作中产生的情绪	0.178	0.162	0.764
A20. 通常情况下，我对他人表达的情感能够感同身受	0.059	0.105	0.627
A22. 对我而言，获得同事或领导的尊重和认可非常重要	0.121	0.078	0.842
A25. 我认为我能像大多数同事一样把事情做好	0.100	0.075	0.781
A27. 我认为我在工作中是有价值的	0.096	0.112	0.844
A30. 我的价值观和社会主流价值观是一致的	0.786	0.208	0.128
A32. 我不会以损害他人利益为手段而实现自身目的	0.885	0.146	0.143
A33. 轮换工作岗位或变动工作内容不会对我造成心理负担	0.836	0.144	0.099
A34. 我可以迅速适应身边同事的人事变动	0.873	0.075	0.107
A35. 我能够妥善处理和同事的人际关系	0.868	0.132	0.137
A40. 我能够妥善处理和领导的人际关系	0.877	0.099	0.128
A42. 当组织进行变革时，我可以很快适应	0.714	0.226	0.119
A43. 我主动学习以为可能出现的变化做好准备	0.884	0.195	0.086
A44. 我持续学习以适应组织的要求	0.843	0.137	0.114
A45. 我具备良好的沟通能力	0.879	0.215	0.125
A47. 我所在的组织看重的东西与我看重的一样	0.799	0.143	0.122
A48. 我个人的价值观与组织的价值观和文化相匹配	0.887	0.122	0.089
Cronbach's α	0.916	0.875	0.901

探索性因子分析的结果表明，健康人力资本包含三个维度，分别对应第三章质性研究中界定的机体功能、心理品质和职业适应性。在探索性因子分析的

基础之上，需要验证各个维度之间的相关系数，已确定是否存在高阶因子（二阶因子）。本书利用 SPSS 对这三个因子的相关系数进行了分析，结果发现，各个因子之间具有较高的系数，且都显著，说明可以进行二阶变量的研究。健康人力资本问卷各因子描述性统计分析如表 4-8 所示。

表 4-8　健康人力资本问卷各因子描述性统计分析

因子	均值	标准差	F1	F2	F3
F1	4.00	0.617	0.750	—	—
F2	4.02	0.672	0.349**	0.767	—
F3	3.86	0.708	0.367**	0.296**	0.800

注：** 表示 $p<0.01$，* 表示 $p<0.05$，对角线为 AVE 平方根，F1 为机体功能，F2 为心理品质，F3 为职业适应性。

二、验证性因子分析

（一）数据获取

为了对健康人力资本量表进行验证性因子分析，本书发放了第二轮调查问卷。此轮问卷收集主要包含两个步骤：首先，研究团队在问卷星平台上设计了包含 31 个条目的健康人力资本电子版量表；其次，通过导师推荐、朋友帮助等渠道，随机分发了问卷。本书最后收集了问卷 443 份，排除填写时间不合理、答案全部一样等明显无效的问卷，共获得有效问卷 382 份，有效率为86.23%。验证性因子分析样本人口统计信息如表 4-9 所示。

表 4-9　验证性因子分析样本人口统计信息

指标	类别	频数	百分比/%
性别	男	239	62.57
	女	143	37.43
年龄	21~29 周岁	86	22.51
	30~39 周岁	118	30.89
	40~49 周岁	91	23.82
	50 周岁及以上	87	22.78

表4-9(续)

指标	类别	频数	百分比/%
学历	大专及以下	136	35.60
	本科	171	44.76
	硕士	46	12.05
	其他	29	7.59
工作年限	1~5年	109	28.53
	6~10年	61	15.97
	11~15年	86	22.51
	16~20年	47	12.30
	21年及以上	79	20.69

（二）因子模型对比

在质性研究和量表的探索性因子分析阶段，本书初步确认了健康人力资本是由一个三维度且包含31个条目组成的构念。进一步讲，三维度相关性检验显示各个维度的相关性较大，且都显著，因此需要信息因子模型的对比分析，以最终确定健康人力资本的具体维度。为此，本书采用竞争性因子分析模型的分析技术，根据相应的模型拟合指标判断各个竞争模型的优劣。本书共提出五个竞争模型，其中模型1（M1）将机体功能、心理品质和职业适应性分别视为三个不同的维度；模型2（M2）将心理品质和职业适应性视为一个维度；模型3（M3）将机体功能和心理品质视为一个维度；模型4（M4）将机体功能和职业适应性视为一个维度；模型5（M5）则是将健康人力资本视为单维度结构。

本书采用 Mplus 软件进行验证性因子分析，对不同竞争模型的指标进行分析，进而实现对竞争模型优劣程度的评价。本书按照常用的验证性因子指标，采用了卡方/自由度比（χ^2/df）指标、渐进残差均方和平方根（root mean square error of approximation，RMSEA）、标准化残差均方和平方根（standardized root mean square residual，SRMR）、比较适配指数（comparative fit index，CFI）、非规准适配指数（Tacker-Lewis index，TLI）五个模型评价指标对因子模型的优劣进行评判①。根据组织管理领域的一般要求，卡方/自由度比指标通常应该在 1~3，表示具有简约适配度，而大于 5 时表明需要修正；RMSEA 系数小于 0.08 时适配合理，小于 0.05 时适配良好；SRMR 系数应小于 0.05；CFI 系数要大于 0.90；TLI 系数也需要大于 0.90。竞争模型适配指标如表 4-10 所示。

表 4-10　竞争模型适配指标

Models	χ^2	df	χ^2/df	$\triangle\chi^2$（df）[a]	RMSEA	CFI	TLI	SRMR
M1	1 083.74	427	2.53	—	0.06	0.91	0.91	0.04
M2	2 088.09	429	4.86	1 004.35***（2）	0.10	0.78	0.77	0.12
M3	4 218.85	429	9.83	3 135.11***（2）	0.15	0.50	0.46	0.24
M4	4 450.77	429	10.37	3 367.03***（2）	0.16	0.47	0.43	0.24
M5	5 184.55	430	12.09	4 100.81***（3）	0.17	0.38	0.33	0.27

注：所有的 $\triangle\chi^2/df$ 均为和 M1 对比得出的结果。

从表 4-10 可以看出，M1 的卡方自由度之比为 2.53，RMSEA 为 0.06，SRMR 为 0.04，CFI 和 TLI 均大于 0.09，都属于可接受的范围之内。此外，M2、M3、M4、M5 的卡方自由度之比分别为 4.86、9.83、10.37、12.09，远大于 3 这一阈值，并且 RMSEA、CFI、TLE、SRMR 等值均不理想，因此可以认为 M2、M3、M4、M5 都没有 M1 模型理想。该结果说明，健康人力资本的三维度结构是相对最优的。

（三）二阶验证性因子分析

之所以要进行二阶验证性因子分析（second-order CFA model）是因为在先前的研究中发现三个维度具有高度关联的关系，此时可假定这三个一阶因素构念在同时测量一个更高阶的构念②。当然，这也是和理论基础相符合的，因为这三个维度都隶属于健康人力资本这一更高阶的构念。图 4-4 汇报了二阶验证性因子分析的结果。相应的模型适配度为 $\chi^2=1\,080.26$、$df=427$、$\chi^2/df=2.530$、$RMSEA=0.063$、$SRMR=0.062$、$CFI=0.920$、$TLI=0.913$。以上结果进一步说明了健康人力资本探索性研究的结果。

---

①　吴明隆. 结构方程模型：Amos 实务进阶 [M]. 重庆：重庆大学出版社，2017.
②　同①。

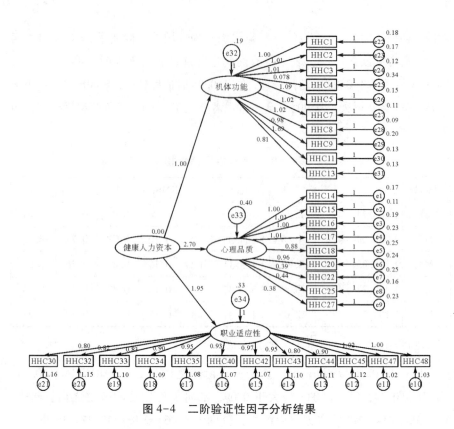

图 4-4　二阶验证性因子分析结果

（四）信度和效度检验

二阶因子的信效度检验可以在一阶因子的因子载荷以及 Cronbach's α 值基础上获得。与先前的操作类似，通过 SPSS 软件计算出二阶因子样本的 KMO 值为 0.915，巴特利特球形度检验值为 9 320.179，df = 465，$p < 0.001$，符合相关的标准。进一步讲，机体功能的 Cronbach's $\alpha = 0.905$；心理品质的 Cronbach's $\alpha = 0.834$；职业适应性的 Cronbach's $\alpha = 0.965$；整体量表的 Cronbach's $\alpha = 0.876$，表明健康人力资本量表具有良好的信度。本书还计算了反映收敛效度的平均方差提取量（AVE）和反映组合信度的 CR 值来验证问卷的效度。经过计算，机体功能、心理品质和职业适应性的 AVE 值分别为 0.667、0.738 和 0.727，均大于 0.5 的判别标准；CR 值分别为 0.888、0.915、0.930，均大于 0.7 的判别标准。

至此，健康人力资本量表的开发程序基本完成。根据经典量表开发思路①，严格按照初始条目构建、量表预测试、量表条目净化、探索性因子分析、验证性因子分析等程序，本书得到了一个包含 31 个条目的三维度结构的自评式健康人力资本测量量表。健康人力资本量表开发经过了文本分析和专家讨论，相关的统计指标达到了相应的标准。为此，本书认为这一量表能够有效且准确地测量员工健康人力资本这一构念，并为后续的研究打下基础。健康人力资本测量条目如表 4-11 所示。

表 4-11　健康人力资本测量条目

维度	问卷条目
机体功能	我的身体状况满足我当前的工作要求
	我对疾病拥有较强的抵抗能力
	我很少出现头晕或头昏的情况
	我拥有较好的睡眠质量
	我的身体没有功能性障碍
	我有足够的力量承担相应的工作
	在工作中，我有充足的精力应对各种问题
	我以饱满的精神状态投入工作中
	完成一天的工作后，我不会觉得疲惫不堪
	总的来说，我的身体处于一个良好的状态
心理品质	我能够以积极乐观的心态应对工作中的难题
	绝大多数情况下，我能够控制冲动
	在我看来，发怒不是解决工作问题的有效办法
	工作中，我对他人坦诚相见，不以谎言掩盖事实
	我能够妥善管理在工作中产生的情绪
	通常情况下，我对他人表达的情感能够感同身受
	对我而言，获得同事或领导的尊重和认可非常重要
	我认为我能像大多数同事一样把事情做好
	我认为我在工作中是有价值的

---

① HINKIN T R. A brief tutorial on the development of measures for use in survey questionnaires ［J］. Organizational research methods，1998（1）：104-121.

表4-11(续)

维度	问卷条目
职业适应性	我的价值观和社会主流价值观是一致的
	我不会以损害他人利益为手段而实现自身目的
	轮换工作岗位或变动工作内容不会对我造成心理负担
	我可以迅速适应身边同事的人事变动
	我能够妥善处理和同事的人际关系
	我能够妥善处理和领导的人际关系
	当组织进行变革时,我可以很快适应
	我主动学习以为可能出现的变化做好准备
	我持续学习以适应组织的要求
	我具备良好的沟通能力
	我所在的组织看重的东西与我看重的一样
	我个人的价值观与组织的价值观和文化相匹配

第五章　健康人力资本的有效性研究

前文分析了健康人力资本的结构维度和测量体系，随之应运而生的一个问题是健康人力资本的有效性，即健康人力资本会对企业和员工产生什么影响？是如何影响的？在探索该问题前需要说明的是，经济学的研究表明，健康人力资本的投入程度与个人收入和地区 GDP 的增长具有正向关系；在同时考虑健康人力资本和教育人力资本投资的模型中，健康人力资本也被发现具有促进教育人力资本收益的功能。也就是说，健康人力资本的内在价值和工作性价值得到了充分的证实。然而，在组织管理中，健康人力资本的作用效果还不是很清晰，它对员工和企业带来的影响没有被科学且有效地探索。因此，本章基于前文对健康人力资本结构维度和测量体系的探索，结合自我决定理论，将工作绩效和工作幸福感作为健康人力资本的两种作用效果，前者是一系列有价值的工作行为的集合，后者是员工工作体验和工作满意度的综合反映。本章将建立健康人力资本有效性的理论模型，提出研究假设，收集一手数据，对健康人力资本有效性进行检验。

第一节　健康人力资本有效性模型构建

一、理论基础

自我决定理论是一种动机理论，它基于这样一个前提：人类天生渴望发展和成长，以充分发挥自己的潜能，即人们总是不断受到发挥个人潜力需求的驱动。动机或者说启动与工作相关的行为并决定其形式、方向、强度和持续时间的精力力量，可以分为两大类：自主动机和受控动机①。自主动机的特征是人们带着充分的意愿、意志和选择参与一项活动，主要包括内在的和识别的刺激源；而受控动机的特征是人们被要求、被规定或被强制的参与，通常包括摄入的、外在的刺激源②。自我决定理论认为，人类动机是从外在调节到内在固化之间的动态连续结合，不同的自主程度决定了动机的类型，其中当人们的基本心理需求得到满足时会促进外在动机向内在动机转化③。该理论还认为，基本心理需求是与生俱来的，对持续的心理成长、内在化和幸福感至关重要④。

经过几十年的发展，自我决定理论在组织管理中很好地阐述了需求、激励、动机、绩效和幸福感等之间的联系⑤⑥。从反面来看，基本心理需求受到破坏时，人们则可能出现消极的体验和行为。例如，有研究发现辱虐管理降低了下属的基本心理需求，进而导致员工出现组织偏离行为⑦。梳理自我决定理论的现有研究可以看出，自我决定理论也为健康人力资本的产出提供了理论基础。为了更好地说明相应的理论依据，本书从自我决定的四个子理论进行回顾与评述，它们分别是基本心理需求理论（basic psychological need theory）、认知评价理论（cognitive evaluation theory）、有机整合理论（organismic integration

---

① DECI E L, RYAN R M. Intrinsic motivation and self-determination in human behavior ［M］. New York：Plenum，1985.

② RYAN R M, DECI E L. Self-determination theory and the facilitation of intrinsic motivation, social development, and well-being ［J］. American psychologist, 2000, 55（1）：68-78.

③ GAGNÉ M, DECI E L. Self-determination theory and work motivation ［J］. Journal of organizational behavior, 2005, 26（4）：331-362.

④ VAN DEN BROECK A, FERRIS D L, CHANG C, et al. A review of self-determination theory's basic psychological needs at work ［J］. Journal of management, 2016, 42（5）：1195-1229.

⑤ DECI E L, OLAFSEN A H, RYAN R M. Self-determination theory in work organizations：the state of a science ［J］. Annual review of organizational psychology & organizational behavior, 2017, 4：19-43.

⑥ 同④。

⑦ LIAN H, FERRIS D L, BROWN D J. Does taking the good with the bad make things worse? How abusive supervision and leader-member exchange interact to impact need satisfaction and organizational deviance ［J］. Organizational behavior & human decision processes, 2012, 117：41-52.

theory）和因果定向理论（causality orientation theroy）①②③④。

基本心理需求理论认为，每个人都蕴含着三种与生俱来的需求：自主需求（need for autonomy）、能力需求（need for competence）和归属需求（need for relatedness）。自主需求来自个人行动因果关系思想，或者是一个人行为的起源，旨在表示个体行为不是被外部力量推动和牵引的；能力需求是个体探索和操纵环境的自然倾向所固有的，也是个体寻求最佳挑战的天性；归属需求根植于生存和进化的观点，表示个体和他人保持联系的需要⑤。自主需求和能力需求是内在动机的基础，或者说人们保持内在动机是建立在自主需求和能力需求的满足之上；而归属需求是使动机内部化的重要条件，因为当人们体验到自主需求满足和能力需求满足时，人们会倾向于内化其价值⑥⑦。相关研究表明，基本心理需求的满足程度和工作绩效、工作幸福感呈正相关，即当个体的这三种基本心理需求得到满足时，他们就会向着积极的工作体验发展⑧，否则将走向对立面。更进一步讲，这三种基本心理需求在很大程度上是彼此独立的，不同的刺激源对应不同的满足类型。例如，有研究指出人和团队匹配能够提高归属需求，人和工作匹配能够提高能力需求，而人和组织匹配则对三种需求都有提升作用⑨。总体来说，作为自我决定理论的核心部分，基本心理需求理论阐述了为什么个体会有自我决定的追求。

认知评价理论主要解释了社会环境对内部动机的影响。该理论认为，一部

① DECI E L, RYAN R M. Intrinsic motivation and self-determination in human behavior ［M］. New York：Plenum, 1985.

② 刘海燕，闫荣双，郭德俊. 认知动机理论的新近展：自我决定论 ［J］. 心理科学，2003, 26（6）：1115-1116.

③ 王燕，郑雪. 自我决定研究述评 ［J］. 黑龙江教育学院学报，2008（1）：80-82.

④ 赵燕梅，张正堂，刘宁，等. 自我决定理论的新发展述评 ［J］. 管理学报，2016, 13（7）：1095-1104.

⑤ 同①。

⑥ GAGNÊ M, DECI E L. Self-determination theory and work motivation ［J］. Journal of organizational behavior, 2005, 26（4）：331-362.

⑦ VAN DEN BROECK A, FERRIS D L, CHANG C, et al. A review of self-determination theory's basic psychological needs at work ［J］. Journal of management, 2016, 42（5）：1195-1229.

⑧ 张旭，樊耘，黄敏萍，等. 基于自我决定理论的组织承诺形成机制模型构建：以自主需求成为主导需求为背景 ［J］. 南开管理评论，2013, 16（6）：59-69.

⑨ GREGURAS G J, DIEFENDORFF J M. Different fits satisfy different needs：linking person-environment fit to employee commitment and performance using self-determination theory ［J］. Journal of applied psychology, 2009, 94（2）：465-477.

分外部因素（如威胁、强制性、指令等）往往会降低自主性，促使感知的因果关系轨迹从内部转向外部，进而扰乱了内在动机的生成和持续存在。而另一部分外部因素（如提供任务参与方面的选择、反馈等）也能增强自主性，促使因果关系轨迹从外部转向内部，增加内在动机①②。认知评价理论进一步指出，自主需求和能力需求对内在动机很重要，要求高能力的挑战性工作最能促进内在动机，而这种感受如果是自主的，则更能促使内部动机的延续发展③。换言之，要提高个体的内部动机，人们不仅要体验到能力需求满足，还必须体验到其行为是可以自我决定的，也就是说体验到自主性④。因此，促进自主和能力感觉的社会环境因素增强了内在动机，而减少这些感觉的因素削弱了内在动机，使人们去动机化。总而言之，认知评价理论对解释外界环境干预基本心理需求满足的过程起到重要作用。

有机整合理论主要阐述了外在动机的类型，以及促使外在动机内化的条件⑤⑥。有学者认为，在现实的组织生活中，员工不总是基于兴趣在做事，很多情况下是基于外部环境的压力，而个体怎样获得动机来从事他们不感兴趣的事便需要通过有机整合理论进行解释⑦。的确，人们不可能完全自发地产生强烈的内部动机，自我决定倾向并不是理所应当的。简单来说，当员工从事本身趣味性不高的工作时，个体的主动意愿会下降直至被动，而造成这种意愿区别的最主要原因是对从事活动的价值内化和整合的程度。有机整合理论划分了三种动机类型：无动机、内部动机和外部动机。其中，无动机也叫去动机，代表人们缺乏动机的状态；内部动机是人们意识到活动本身的乐趣，从而追求新奇和挑战、发展和锻炼自身能力、勇于探索和学习的先天倾向，代表了自我决定

---

① GAGNÊ M, DECI E L. Self-determination theory and work motivation［J］. Journal of organizational behavior, 2005, 26（4）：331-362.

② 赵燕梅, 张正堂, 刘宁, 等. 自我决定理论的新发展述评［J］. 管理学报, 2016, 13（7）：1095-1104.

③ 同①。

④ 王燕, 郑雪. 自我决定研究述评［J］. 黑龙江教育学院学报, 2008（1）：80-82.

⑤ DECI E L, RYAN R M. Human autonomy: the basis for true self-esteem［M］. New York: Plenum, 1995.

⑥ RYAN R M, DECI E L. Overview of self-determination theory: an organismic dialectical perspective［J］. Handbook of self-determination research, 2002：3-33.

⑦ 赵燕梅, 张正堂, 刘宁, 等. 自我决定理论的新发展述评［J］. 管理学报, 2016, 13（7）：1095-1104.

的原型；外部动机是人们为了满足外部需要而去从事一项活动的倾向①②。该理论的重要意义在于辨析了内部动机和外部动机不是完全对立的，促使人们更深入地了解不同类型动机的互相转化机理。

因果定向理论认为，人们对事件的起因和调节的解释是存在先天的个体差异的，其中个体感知到的行为意愿有三种情况：内部自主定向、外部控制定向和非个人定向③。更为直接地说，因果定向是一种特质，表示个体稳定的对外部活动感知的自我决定程度。具体而言，内部自主定向表示个体倾向于感觉活动是自主的，更能够激发内在的动机，他们倾向于表现出寻求创新、挑战性和有趣的活动；外部控制定向表示个体的活动主要受报酬、指令等外部因素控制，他们会更加重视财富、荣誉、地位等；非个人定向则表示个体认为成就的获得不是自己能决定的，而是取决于不可逆的因素或者运气。

二、模型构建

为了考察健康人力资本的作用效果，本书将健康人力资本作为自变量，将员工工作绩效和工作幸福感作为结果变量。工作绩效和工作幸福感是衡量员工在工作场所产出的两个重要产出指标，前者是管理者重点关心的问题，因为它代表了员工对组织目标的贡献；后者则重点受到员工自身的高度重视，因为它是工作体验和满意程度的直接评价标准。具体而言，工作绩效是员工直接或间接贡献给组织目标的一系列行为的价值总和，既包括直接参与完成核心工作任务的活动，或者直接支持组织技术核心任务完成的活动④，又包括乐于助人、体育精神、责任心等为组织培养积极的社会与心理环境进而有利于组织核心技

① DECI E L, RYAN R M. Self-determination theory：a macrotheory of human motivation，development，and health ［J］. Canadian psychology，2008，49（3）：182-185.

② 刘海燕，闫荣双，郭德俊. 认知动机理论的新近展：自我决定论 ［J］. 心理科学，2003，26（6）：1115-1116.

③ DECI E L, RYAN R M. The general causality orientations scale：self-determination in personality ［J］. Journal of research in personality，1985，19（2）：109-134.

④ RICH B L, LEPINE J A., CRAWFORD E R. Job engagement：antecedents and effects on job performance ［J］. Academy of management journal，2010，53（3）：617-635.

术的工作①。工作幸福感是员工感觉良好的享乐体验，以及实现目标的成就体验②。员工重视自身在工作场所中能否获得幸福感，特别是新生代员工，他们进入职场不仅是为了取得薪酬，更是为了获得快乐、成就和幸福感③④。基于以上考虑，本书同时将工作绩效和工作幸福感作为结果变量，探索健康人力资本对它们的影响，这不仅与健康人力资本的理论发展相契合，也回应了本书提出的研究问题之一，即健康人力资本是否既实现了员工强调的幸福感诉求，又满足了企业强调的价值创造要求。

接下来，本书探索健康人力资本对工作绩效和工作幸福感的影响机制。本书认为，健康人力资本之所以能够提高工作绩效和工作幸福感，其内在机理是员工的基本心理需求得到了满足。这种理论推导建立在自我决定理论基础之上。自我决定理论是一种描述个体行为自我决定程度的动机理论，区分了内部动机、外部动机和无动机三种类型，其中内部动机强调个体会因为某活动自身的挑战性、创新性或者吸引力而进行某项活动，他们完全是出于自愿，即自我决定的⑤⑥⑦。自我决定理论还假定人与生俱来就有心理成长和发展动机，而内在心理需要的满足与否是这种天然的成长动机得以发展的关键。健康人力资本既不是一种摄入调节也不是外部动机，而是具有内在价值的个人健康属性的综合，较高的健康人力资本很可能激发了内在动机并促进员工在能力需求、自主需求和归属需求三方面的满足⑧。不仅如此，自我决定理论还指出，当基本

① MOTOWIDLO S J, BORMAN W C, SCHMIT M J. A theory of individual differences in task and contextual performance [J]. Human performance, 1997 (10): 71-83.

② SONNENTAG S. Dynamics of well-being [J]. Annual review of organizational psychology & organizational behavior, 2015, 2 (1): 261-293.

③ ZHENG X, ZHU W, ZHAO H, et al. Employee well-being in organizations: theoretical model, scale development, and cross-cultural validation [J]. Journal of organizational behavior, 2015, 36 (5): 621-644.

④ 郑晓明，刘鑫. 互动公平对员工幸福感的影响：心理授权的中介作用与权力距离的调节作用 [J]. 心理学报, 2016, 48 (6): 693-709.

⑤ DECI E L, RYAN R M. Intrinsic motivation and self-determination in human behavior [M]. New York: Plenum, 1985.

⑥ GAGNÉ M, DECI E L. Self-determination theory and work motivation [J]. Journal of Organizational Behavior, 2005, 26 (4): 331-362.

⑦ VAN DEN BROECK A, FERRIS D L, CHANG C, et al. A review of self-determination theory's basic psychological needs at work [J]. Journal of management, 2016, 42 (5): 1195-1229.

⑧ GAGNÉ M, DECI E L. Self-determination theory and work motivation [J]. Journal of organizational behavior, 2005, 26 (4): 331-362.

心理需求得到满足后，员工能够以更积极、更努力的状态开展工作，促进了工作绩效，并且获得更好的工作体验，实现工作幸福感的提升①。也就是说，在健康人力资本影响工作绩效和工作幸福感的过程中，基本心理需求满足扮演了中介角色。

进一步讲，本书还将考察健康人力资本促进基本心理需求满足的过程是否受到工作强化程度的干扰。为什么选择工作强化而不是角色超载（role overload）、工作要求（job demand）、工作负荷（workload）等，主要基于两个考虑：其一，工作强化是更为接近问题本质的变量，角色超载、工作要求和工作负荷等现象很大程度上都是由工作强化引起的；其二，工作强化是当今快节奏、高压力职场环境中较为常见的现象，它更能抓住管理实践中的一些实际现象。本书考虑到健康人力资本、基本心理需求满足和工作强化都是多维度结构，有必要更为细致地探讨各个维度之间的关系。本书不仅对构念之间的关系进行假设推导和统计分析验证，还将更为具体地对其各个维度间的关系进行假设和验证。健康人力资本影响工作绩效和工作幸福感的理论模型如图 5-1所示。

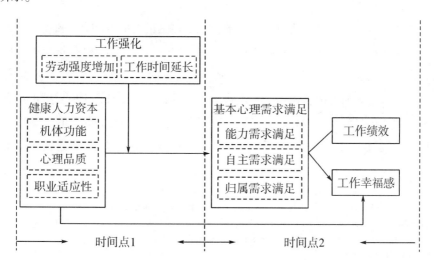

图 5-1　健康人力资本影响工作绩效和工作幸福感的理论模型

①　DECI E L, OLAFSEN A H, RYAN R M. Self-determination theory in work organizations: the state of a science ［J］. Annual review of organizational psychology & organizational behavior, 2017, 4: 19-43.

第二节 相关变量综述

一、工作幸福感研究综述

工作幸福感是一个广泛的概念，不同学者从不同视角对其进行了界定。例如，有学者将工作幸福感界定为由个人所享有的各种工作满足所构成的，包括对薪酬、晋升机会、工作本身、同事等的满意程度①。在考虑了工作幸福感动态形成和波动的情况下，有学者认为工作幸福感是因个体潜能和工作目标充分实现和发展而形成的一种心理感受和愉悦工作体验，实现工作幸福感需要员工和组织共同长期努力的动态过程②。由于工作幸福感是一种主观体验，其测量基本上采用主观评价的方式，且测量条目大多起源于积极心理学的相关研究③。工作幸福感通常是多维度结构，如有研究发现，工作幸福感包含情绪幸福感、认知幸福感、社会幸福感和职业幸福感 4 个维度，并由此开发了 31 个条目的测量量表④。

在测量方面，学者们将自主开发的员工幸福感量表运用在中国和美国的组织管理情境中进行测量，并从结构稳定性（configural invariance）、指标稳定性（metric invariance）和标量等价（scalar equivalence）3 个方面进行了验证⑤。本书在梳理前人研究的基础上，将工作幸福感的影响因素归为 3 种类型：自我因素、他人因素和组织因素。其中，自我因素包括个体特征，如具有主动性人格的人会通过采取更多的主动行为获得能力基本心理需求的满足，进而获得更

---

① DANNA K, GRIFFIN R W. Health and well-being in the workplace: a review and synthesis of the literature [J]. Journal of management, 1999, 25 (3): 357-384.

② 邹琼, 佐斌, 代涛涛. 工作幸福感: 概念、测量水平与因果模型 [J]. 心理科学进展, 2015, 23 (4): 669-678.

③ PARKER G B, HYETT M P. Measurement of well-being in the workplace the development of the work well-being questionnaire [J]. Journal of nervous & mental disease, 2011, 199 (6): 394-397.

④ 黄亮. 中国企业员工工作幸福感的维度结构研究 [J]. 中央财经大学学报, 2014 (10): 84-92.

⑤ ZHENG X, ZHU W, ZHAO H, et al. Employee well-being in organizations: theoretical model, scale development, and cross-cultural validation [J]. Journal of organizational behavior, 2015, 36 (5): 621-644.

高的工作幸福感①，而员工在工作场所中的自主心理基本得到满足后，其幸福感会得到提高②。由于员工在组织中不可避免地会参与社会互动，而这种互动直接影响了员工的工作体验，因此与他人的关系是构成工作幸福感的重要因素。他人因素主要包括同事和领导。例如，当员工和同事建立了深厚的职场友谊时，员工在工作场所中的幸福感会提升，因为此时员工的自尊会得到提升，从压力管理、资源增值等方面促进了工作幸福感③。

二、工作绩效研究综述

工作绩效本质上是员工帮助组织实现其目标的程度，可被定义为对实现组织目标有益的员工离散行为的综合，这些行为是价值的行为，能助力组织实现目标的行为④。进一步讲，工作绩效也是带有可评估成分的行为，对于个人或组织的有效性可以被评估为积极或消极的行为⑤。工作绩效的结果是人或事物的状态或条件，这些状态或条件会因绩效的改变而改变，其结果要么有助于组织目标的实现，要么有损于组织目标的实现。工作绩效是构成团队绩效、企业绩效的基础，如果没有工作绩效，就不会有满意的工作，不会有组织承诺，也不会有工作家庭平衡⑥。尽管学者们对工作绩效的界定不尽相同，但仍有三个共同的观点：工作绩效是员工实际做的事、采取的行动和对组织目标的贡献⑦。

尽管学者们对工作绩效的划分不尽相同，但他们普遍认为工作绩效包含任

① CANGIANO F, PARKER S K, YEO G B. Does daily proactivity affect well-being? The moderating role of punitive supervision [J]. Journal of organizational behavior, 2019, 40 (1)：59-72.

② CONWAY N, CLINTON M, STURGES J, et al. Using self-determination theory to understand the relationship between calling enactment and daily well-being [J]. Journal of organizational behavior, 2015, 36 (8)：1114-1131.

③ CRAIG L, KUYKENDALL L. Examining the role of friendship for employee well-being [J]. Journal of vocational behavior, 2019, 115：103-313.

④ CAMPBELL J P. Modeling the performance prediction problem in industrial and organizational psychology [M]. Palo Alto, CA：Consulting Psychologists Press, 1990.

⑤ MOTOWIDLO S J, BORMAN W C, SCHMIT M J. A theory of individual differences in task and contextual performance [J]. Human performance, 1997 (10)：71-83.

⑥ CAMPBELL J P. Behavior, performance, and effectiveness in the twenty-first century [M]. London：Oxford University Press, 2012.

⑦ CAMPBELL J P, WIERNIK B M. The modeling and assessment of work performance [J]. Annual review of organizational psychology and organizational behavior, 2015 (2)：47-74.

务 绩 效 （ task performance ） 和 公 民 绩 效 两 个 核 心 内 容 （ citizenship performance）①②③。任务绩效表示直接将原材料转化为组织生产的产品和服务的活动，它包括诸如在零售商店销售商品、在制造厂操作生产机器等活动；任务绩效也指通过补充原材料供应来服务和维护技术核心的活动组成，销售其成品并提供即时的规划、协调、监督，使其能够高效运行。公民绩效是指员工在核心任务要求之外，积极促进和加强组织有效性的额外行为（如帮助同事）④。公民绩效很重要，因为它们有助于提高组织的有效性，塑造组织、社会和心理环境，充当任务活动和过程的催化剂，包括自愿参与不属于工作内容的任务活动，并帮助组织内的其他人完成任务。这两种行为都对整体绩效评分有贡献，但工作绩效的权重偏向于任务绩效，这是因为它是员工对组织最直接的贡献评价；公民绩效由于具备自愿性和非强制性，其作用容易被低估，但对组织发展同样具有重要作用⑤⑥。总而言之，现有研究从理论和实证上都很好地证实了任务绩效和公民绩效是构成整体工作绩效的两个核心要素。

三、基本心理需求研究综述

在健康人力资本影响工作绩效和工作幸福感的过程中，健康人力资本提升了个体心理层面的满足，特别是三种基本的心理需求，即能力需求、自主需求和归属需求；在获得基本心理需求的满足后，个体进而表现出更高的工作绩效和工作幸福感。基本心理需求是自我决定理论的核心组成内容，它源于对个体

① BORMAN W C, MOTOWIDLO S J. Task performance and contextual performance：the meaning for personnel selection research ［J］. Human performance，1997，10（2）：99-109.

② RICH B L, LEPINE J A, CRAWFORD E R. Job engagement：antecedents and effects on job performance ［J］. Academy of management journal，2010，53（3）：617-635.

③ NG T W H, FELDMAN D C. Employee voice behavior：a meta-analytic test of the conservation of resources framework ［J］. Journal of organizational behavior，2012，33（2）：216-234.

④ ORGAN D W. Organizational citizenship behavior：the good soldier syndrome ［M］. Lexington, MA：Lxington，1988.

⑤ ROTUNDO M, SACKETT P R. The relative importance of task, citizenship, and counterproductive performance to global ratings of job performance：a policy-capturing approach ［J］. Journal of applied psychology，2002，87（1）：66-80.

⑥ 杨春江，冯秋龙，田子州. 变革型领导与员工任务绩效：主动性人格和领导—成员交换的作用 ［J］. 管理工程学报，2015，29（1）：39-46.

获得并提高内在动机的解释①。自我决定理论认为，个体的自然进取和发展趋向于心理成长、内化和幸福感，而个体的一般行为以及受环境影响的行为在不同程度上促进或阻碍了这一自然发展的实现。个体是否意识到他们的自然倾向取决于他们是否汲取了实现这些倾向所需的基本营养②。为此，有学者指出，就像植物需要水和阳光才能茁壮成长一样，个体实现心理成长、内化和幸福感需要三种基本心理需求（能力需求、自主需求和归属需求）的满足③。换言之，满足一个人的基本心理需求会导致更自主的动机形式，使其以更愉悦的心情和情感去完成工作，即为了获得快乐和满足而从事某种行为，而不是为了特定的结果。

由于心理需求满足在影响个体情感体验和行为结果方面起着不可或缺的作用，相关研究考察了个体倾向（如个体特质）和社会环境因素（如奖励结构），这些因素促进或阻碍了对自主性、关联性和能力的心理需求的满足④。组织管理研究中的自我决定描述了促进或阻碍内在心理需求满足的因素影响，以及随后如何影响内在动机、工作绩效、工作满意度和其他与工作相关的结果⑤。也就是说，自主需求、能力需求和归属需求三种基本心理需求作为个体与生俱来的心理需求，受到个人属性和工作环境的影响，进而也促进了工作幸福感和工作绩效等。从工作场所中的时间管理的角度来看，员工工作时间压力与幸福感存在倒"U"形关系，即一定程度的时间压力会提高幸福感至最大化，但过高的时间压力会减弱幸福感，而基本心理需求满足在以上过程中扮演

① VAN DEN BROECK A, FERRIS D L, CHANG C, et al. A review of self-determination theory's basic psychological needs at work [J]. Journal of management, 2016, 42 (5): 1195-1229.

② GAGNÉ M, DECI E L. Self-determination theory and work motivation [J]. Journal of organizational behavior, 2005, 26 (4): 331-362.

③ DECI E L, RYAN R M. The "what" and "why" of goal pursuits: human needs and the self-determination of behavior [J]. Psychological inquiry, 2000, 11 (4): 227-268.

④ GREGURAS G J, DIEFENDORFF J M. Different fits satisfy different needs: linking person-environment fit to employee commitment and performance using self-determination theory [J]. Journal of applied psychology, 2009, 94 (2): 465-477.

⑤ SHELDON K M, TURBAN D B, BROWN K G, et al. Applying self-determination theory to organizational research [M]. Oxford: Elsevier Science Ltd. Shrout, 2003.

了中介角色①。当然，工作环境对基本心理需求满足也有影响，如组织制度②、领导行为③、人际氛围④等。

四、工作强化研究综述

在当今的组织环境中，业务体系越来越庞大，员工的专业分工越来越明显，不同的员工很可能拥有不同强化程度的工作。在这种背景下，健康人力资本对员工的作用效果很可能受到工作强化程度的干扰。为此，本书将考察工作强化的调节作用。工作强化的内涵可以概括为两方面：其一，工作强化是工作集约的体现，即员工每天工作量和工作强度的增加；其二，工作强化是工作延伸的体现，即减少空闲时间和休息时间，或更多的加班。有学者提出，工作强化指的是员工在工作日需要投入的努力量增加，它是一个多方面的结构，其特征是需要以更快的速度工作，同时执行不同的任务，或者减少空闲时间⑤。国内学者总结道，工作强化是高工作要求和压力下促进员工更加努力工作的重要方式，是达到更高绩效目标必需的努力强化过程⑥。

一项具有重要意义的研究来自 Kelliher 和 Anderson（2010），他们将工作强化分为强制强化（imposed intensification）、允许强化（enabled intensification）和作为互惠或交换行为（an act of reciprocation or exchange）的强化，并发现员工牺牲灵活性以换取努力，进而与工作满意度和组织承诺呈现

① 冯一丹，李爱梅，颜亮，等. 工作时间压力对主观幸福感的倒 U 形影响：基本心理需求满足的中介作用 [J]. 中国人力资源开发，2017（8）：25-35.

② MARTINAITYTE I, SACRAMENTO C, ARYEE S. Delighting the customer：creativity-oriented high-performance work systems, frontline employee creative performance, and customer satisfaction [J]. Journal of management, 2019, 45（2）：728-751.

③ 赵斌，韩盼盼. 人—工作匹配、辱虐管理对创新行为的影响：基本心理需求的中介作用 [J]. 软科学，2016，30（4）：78-83.

④ TRÉPANIER S G, FERNET C, AUSTIN S. Workplace bullying and psychological health at work：the mediating role of satisfaction of needs for autonomy, competence and relatedness [J]. Work & Stress, 2013, 27（2）：123-140.

⑤ KUBICEK B, PAKVAN M, KORUNKA C. Development and validation of an instrument for assessing job demands arising from accelerated change：the intensification of job demands scale [J]. European journal of work & organizational psychology, 2015, 24（6）：1-16.

⑥ 赵慧军，王娟娟. 中国情境的工作强化研究：结构探索与量表开发 [J]. 经济管理，2019，41（5）：192-208.

出负向关系①。的确，工作强化影响了与员工幸福感相关的因素，因为它延长了工作时间，而这些时间原本可花费在个人休闲或家庭陪伴上，加之工作强化降低了员工的满意度，很可能导致员工感受到不幸福②。不仅如此，工作强化还影响了员工的工作—家庭平衡③和工作—生活平衡④。学者们还关注人口统计变量在工作强化实施中的差异化效果，如有研究发现，工作强化会造成一定程度的与听力、视力、过敏等相关的问题，其中男性员工比女性员工更容易遭受这些问题⑤。还有学者发现，女性最容易由工作强化引起的健康问题是头痛、咳嗽和感冒⑥。越是专业化程度高的员工所汇报的工作强化感知程度越高，而全职员工比兼职员工的工作强化程度高⑦。

第三节　研究假设的提出

一、健康人力资本与工作绩效

工作绩效包括任务绩效和公民绩效两种类型，其中任务绩效是员工直接生产力和对工作特定任务的熟练程度的反映，而公民绩效是指帮助组织维持和改

① KELLIHER C, ANDERSON D. Doing more with less? Flexible working practices and the intensification of work [J]. Human relations, 2010, 63 (1): 83-106.

② KUBICEK B, PAKVAN M, KORUNKA C. Development and validation of an instrument for assessing job demands arising from accelerated change: the intensification of job demands scale [J]. European journal of work & organizational psychology, 2015, 24 (6): 1-16.

③ WHITE M, HILL S P, MCGOVERN C, et al. High-performance management practices, working hours and work-life balance [J]. British journal of industrial relations, 2003, 41 (2): 175-195.

④ MACKY K, BOXALL P. High-involvement work processes, work intensification and employee well-being: a study of New Zealand worker experiences [J]. Asia pacific journal of human resources, 2008, 46 (1): 38-55.

⑤ BURCHELL B, FAGAN C. Gender and the intensification of work: evidence from the european working conditions surveys [J]. Eastern economic journal, 2004, 30 (4): 627-642.

⑥ LU J L. Effect of work intensification and work extensification on women's health in the globalized labor market [J]. Journal of international women's studies, 2009, 10 (4): 111-126.

⑦ LE FEVRE M, BOXALL P, MACKY K. Which workers are more vulnerable to work intensification? An analysis of two national surveys [J]. International journal of manpower, 2015, 36 (6): 966-983.

善其核心业务的社会与心理环境的自愿行为①②③。工作绩效受到很多因素的影响，而众多原因中员工本身的人力资本是重要原因④⑤，作为人力资本的重要组成内容，我们有理由初步推断健康人力资本与工作绩效之间也存在正向关系。进一步讲，员工健康也和工作绩效具有内在的逻辑联系⑥⑦⑧。具体而言，有学者从耗竭的视角界定了健康，他们认为耗竭是因为长期的日常工作压力累积而产生的心理压力，会对工作绩效带来负面的影响，也就是说，员工的健康水平影响了其工作绩效水平⑨。不仅如此，许多心理障碍（如抑郁症和其他情感障碍）的特征是与生产力损失和工作能力的严重下降相关的行为及认知障碍⑩。更有学者在一项元分析中发现，健康分为了躯体症状、高血压、肥胖症、慢性情感状态、慢性疲劳等，而这些健康的内容和员工工作绩效具有负相关关系⑪。健康人力资本既是人力资本的一种重要类型，也是员工健康属性的

---

① BORMAN W C, MOTOWIDLO S J. Expanding the criterion domain to include elements of contextual performance [M]. San Francisco: Jossey-Bass, 1993.

② NG T W H, FELDMAN D C. Employee voice behavior: a meta-analytic test of the conservation of resources framework [J]. Journal of organizational behavior, 2012, 33 (2): 216-234.

③ RICH B L, LEPINE J A, CRAWFORD E R. Job engagement: antecedents and effects on job performance [J]. Academy of management journal, 2010, 53 (3): 617-635.

④ REN S, YANG F, WOOD R. How work-related capabilities influence job performance: a relational perspective [J]. International journal of human resource management, 2019, 30 (7): 1157-1180.

⑤ 张军伟，龙立荣，王桃林. 高绩效工作系统对员工工作绩效的影响：自我概念的视角 [J]. 管理评论，2017, 29 (3): 136-146.

⑥ FRITZ C, SONNENTAG S. Recovery, health, and job performance: effects of weekend experiences [J]. Journal of occupational health psychology, 2005, 10 (3): 187-199.

⑦ MONTANO D, REESKE A, FRANKE F, et al. Leadership, followers´ mental health and job performance in organizations: a comprehensive meta-analysis from an occupational health perspective [J]. Journal of organization behavior, 2017, 38 (3): 327-350.

⑧ VAN GORDON W, SHONIN E, ZANGENEH M, et al. Can mindfulness really improve work-related mental health and job performance [J]. International journal of mental health and addiction, 2014 (12): 129-137.

⑨ FRITZ C, SONNENTAG S. Recovery, health, and job performance: effects of weekend experiences [J]. Journal of occupational health psychology, 2005, 10 (3): 187-199.

⑩ MONTANO D, REESKE A, FRANKE F, et al. Leadership, followers´ mental health and job performance in organizations: a comprehensive meta-analysis from an occupational health perspective [J]. Journal of organization behavior, 2017, 38 (3): 327-350.

⑪ FORD M T, CERASOLI C P, HIGGINS J A, et al. Relationships between psychological, physical, and behavioral health and work performance: a review and meta-analysis [J]. Work & Stress, 2011, 25 (3): 185-204.

综合，而现有研究发现这两方面都和工作绩效具有联系。因此，本书推断，健康人力资本很可能正向地促进了工作绩效的提升。

本书进一步认为，健康人力资本的三个维度均对工作绩效有积极的促进作用。就机体功能而言，将体力投入工作角色中有助于实现目标，因为它有助于在较长的时间内通过提高努力水平来补充组织价值行为①。良好的机体功能是完成工作任务的必要条件，俗话说"身体是革命的本钱"，这就表示拥有健康的体魄才能完成相应的工作。不仅如此，良好的机体功能还代表了充足的出勤率，特别是对于从事体力工作的劳动者而言，机体功能更是提高工作绩效的基础②。本书对机体功能的界定还包括了工作活力方面的内容，而工作活力也是提升绩效的重要因素③④。就心理品质而言，它代表了个体拥有的正确的认知模式、积极的态度和适当的情感等，这些健康的内心世界促使个体在工作场所具备良好的心理认知模式，进而对工作绩效产生积极的促进作用⑤。例如，面对工作压力时，具备主动性心理认知的员工更懂得如何缓解压力，因为他们不愿被压力操控，而是希望反过来控制压力⑥。又如对自身的能力和价值具有准确认识的员工能更好地应对工作压力，因为他们不容易受到外界干扰，而是坚信对自身的自我评价，从而能够促进工作绩效的提升⑦。

职业适应性是个体适应组织生活的总体体现。适应性的本质是个体在与周围环境相互作用、与周围人们相互交往的过程中，以一定的行为积极地反作用

① KAHN W A. Psychological conditions of personal engagement and disengagement at work ［J］. Academy of management journal，1990，33（4）：692-724.

② DRANNAN J. The relationship between physical exercise and job performance：the mediating effects of subject health and good mood ［J］. Arabian journal of business management review，2016，6（6）：269-279.

③ BAKER W E. Emotional energy，relational energy，and organizational energy：toward a multilevel model ［J］. Annual review of organizational psychology and organizational behavior，2019，6（1）：373-395.

④ OWENS B P，BAKER W E，SUMPTER M D，et al. Relational energy at work：implications for job engagement and job performance ［J］. Journal of applied psychology，2016，101（1）：35-49.

⑤ RANDALL J G，OSWALD F L，BEIER M E. Mind-wandering，cognition，and performance：a theory-driven meta-analysis of attention regulation ［J］. Psychological bulletin，2014，140（6）：1411-1431.

⑥ PARK J H，DEFRANK R S. The role of proactive personality in the stressor-strain model ［J］. International journal of stress management，2018，25（1）：44-59.

⑦ MORRIS M L，MESSAL C B，MERIAC J P. Core self-evaluation and goal orientation：understanding work stress ［J］. Human resource development quarterly，2013，24（1）：35-62.

于周围环境而获得平衡的能力。本书界定的职业适应性包括良好的道德观、人际关系处理、工作沟通能力、组织文化认同、学习发展能力和环境变革适应六个方面。这六个方面都与工作绩效存在关系。例如，就人际关系处理而言，职业适应性强调了人际关系的适应性，即在各种人际关系中适应或感受内容的能力[1]，它代表了一种个体差异，有助于在快速变化和需求多变的人际环境中提高效率[2]。此外，也有研究指出，当个体能够很好地适应所处组织的文化时，会表现出更高的工作绩效[3]。作为这些特征内容的集合，职业适应性促进了工作绩效的提升。综上所述，本书认为健康人力资本对员工工作绩效具有正向影响，且机体功能、心理品质和职业适应性均对工作绩效产生正向影响。因此，本书提出以下假设：

假设1，即健康人力资本对工作绩效具有显著正向影响。

假设1a，即机体功能对工作绩效具有显著正向影响。

假设1b，即心理品质对工作绩效具有显著正向影响。

假设1c，即职业适应性对工作绩效具有显著正向影响。

二、健康人力资本与工作幸福感

工作幸福感是员工就自身的工作体验是否幸福而进行的一种评价，主要包含工作满意度和积极情感体验，也被称为愉悦情感和积极认知，前者表示拥有较多的正面情绪和较少的负面情绪，后者则是对满意状况的认知[4]。事实上，这些划分都反映了工作幸福感是工作满意度和积极情感的高阶状态[5]。一个普遍的看法是，拥有健康身体的个体也往往具备较高的幸福感[6]。现有研究表

① COOPER S, HETHERINGTON L. Developing entrepreneurial capability to facilitate academic entrepreneurship and technology commercialization [M]. Amsterdam: Elsevier, 2005.

② MACKEY J D, III B P E, HOCHWARTER W A, et al. Subordinate social adaptability and the consequences of abusive supervision perceptions in two samples [J]. The leadership quarterly, 2013, 24 (5): 732-746.

③ SHAHZAD F. Impact of organizational culture on employees' job performance: an empirical study of software houses in Pakistan [J]. Journal of business studies quarterly, 2013, 36 (4): 1125-1126.

④ CARR A. Positive psychology: the science of happiness and human strengths [M]. New York: Routledge Press, 2013.

⑤ SONNENTAG S. Dynamics of well-being [J]. Annual review of organizational psychology & organizational behavior, 2015, 2 (1): 261-293.

⑥ 王彤, 黄希庭, 毕翠华. 身体健康对中国人幸福感的影响: 宗教信仰的调节作用 [J]. 中国临床心理学杂志, 2014, 22 (6): 1053-1056.

明，拥有健康人力资本的个体更能够处理好工作中的各种问题，因为他们是精力充沛的、充满认知活力的，且非常适应当前的组织文化，而解决问题可以使员工获得满足感和成就感进而实现工作幸福感的提升①。的确，健康的体魄、积极的工作状态对员工的工作幸福感很重要，因为获得健康人力资本是员工的诉求，这种诉求一旦被满足，就会为其带来更满意的工作状态和更积极的情感体验，即工作幸福感的提升②③。根据以上的推断，本书认为健康人力资本与工作幸福感存在正向关系。

进一步讲，健康人力资本的三个维度很可能都对工作幸福感有积极的促进作用。具体而言，个体的机体功能状态与其工作幸福感存在着关联。有研究指出，勤于身体锻炼的个体更能够获得幸福感，因为他们拥有更强健的体魄，不容易受到疾病的困扰，从而能够游刃有余地处理工作等事宜④。的确，机体功能代表了充足的体力，能够以饱满的生理状态参与到工作中⑤⑥。此外，根据本书质性研究的结论，心理品质包含情绪智力、自尊心等内容，而这些具体内容在现有研究中被证实和工作幸福感有显著的正向关系。例如，情绪智力是对情感进行准确推理的能力，以及运用情感和情感知识来增强思维的能力⑦，良好地运用情绪技能可能使人体验到更高的积极情绪状态并减少其消极情绪，从

① DANIELS K，BEESLEY N，WIMALASIRI V，et al. Problem solving and well-being：exploring the instrumental role of job control and social support［J］. Journal of management，2013，39（4）：1016-1043.

② CRAIG L，KUYKENDALL L. Examining the role of friendship for employee well-being［J］. Journal of vocational behavior，2019，115：103-313.

③ ZHENG X，ZHU W，ZHAO H，et al. Employee well-being in organizations：theoretical model，scale development，and cross-cultural validation［J］. Journal of organizational behavior，2015，36（5）：621-644.

④ PENEDO F J，DAHN J R. Exercise and well-being：a review of mental and physical health benefits associated with physical activity［J］. Current opinion in psychiatry，2005，18（2）：189-193.

⑤ DOLL H A，PETERSEN S E K，STEWART-BROWN S L. Obesity and physical and emotional well-being：associations between body mass index，chronic illness，and the physical and mental components of the SF-36 questionnaire［J］. Obesity research，2000，8（2）：160-170.

⑥ PENEDO F J，DAHN J R. Exercise and well-being：a review of mental and physical health benefits associated with physical activity［J］. Current opinion in psychiatry，2005，18（2）：189-193.

⑦ MAYER J D，ROBERTS R D，BARSADE S G. Human abilities：emotional intelligence［J］. Annual review of psychology，2008（59）：507-536.

而获得更大的幸福感①。就个体自尊而言，自尊心与工作幸福感存在正向关系，因为自尊是对个体价值的评估，是对自身是优秀的、有价值的人的判断，获得这种评估的人往往会因此获得更多幸福感②。

当然，职业适应性也对工作幸福感起到了积极的作用。作为个体为了应对不断变化的情境需求而调整认知及行为的能力，职业适应性促使个体保持积极的心态去应对工作场所中的各种变化。适应性是一致性（consistency）和灵活性（flexibility）的结果，适应性强的员工能够更好地识别重要情景线索的变化，将相关事件解释为挑战而不是压力，并识别出如何去行动③。职业适应性的这些特征使得员工对工作更满意，产生更多的积极情感，实现工作幸福感的提升。总而言之，本书认为健康人力资本对工作幸福感具有正向的促进作用，且机体功能、心理品质和职业适应性三个维度也分别正向影响了工作幸福感。综上所述，本书提出以下假设：

假设2，即健康人力资本对工作幸福感具有显著正向影响。

假设2a，即机体功能对工作幸福感具有显著正向影响。

假设2b，即心理品质对工作幸福感具有显著正向影响。

假设2c，即职业适应性对工作幸福感具有显著正向影响。

三、健康人力资本与基本心理需求满足

根据自我决定理论，心理需求表示对持续的心理成长、完整性和幸福感至关重要的"心理营养物"（psychological nutriments）④。心理基本需求假设了个体走向活力、奋起和努力的基本轨迹，并进一步假设，只要能够获得必要的和适当的"心理营养物"，这种有机的趋势就会实现。健康人力资本是一种有效

① SÁNCHEZ – ÁLVAREZ N, EXTREMERA N, FERNÁNDEZ-BERROCAL P. The relation between emotional intelligence and subjective well-being: a meta-analytic investigation [J]. Journal of positive psychology, 2016, 11 (3): 276-285.

② NEFF K D. Self-compassion, self-esteem, and well-being [J]. Social and personality psychology compass, 2011, 5 (1): 1-12.

③ SAVICKAS M, PORFELI E. Career adapt-abilities scale: construction, reliability, and measurement equivalence across 13 countries [J]. Journal of vocational behavior, 2012, 80 (3): 661-673.

④ DECI E L, RYAN R M. The "what" and "why" of goal pursuits: human needs and the self-determination of behavior [J]. Psychological inquiry, 2000, 11 (4): 227-268.

的"心理营养物",因为它蕴含了强健的体魄、饱满的精力、正确的认知等,是个体开展工作的基本保障和提高效率的核心能力,促使个体获得健康体验并表现出健康行为①。拥有良好的健康人力资本是个体妥善应对工作压力的基础,工作压力表示工作场所的心理体验和需求对心理与生理健康产生短期及长期变化的过程②,而应对、处理并战胜压力会让员工的基本心理需求得到满足③④。更进一步讲,本书认为由于机体功能、心理品质和职业适应性具有不同的细分功能,它们很可能对应了不同的基本心理需求类型。

就机体功能而言,它保证了员工能够满足当前工作的物理要求,并伴随着较少的缺勤,是员工参与工作的基础⑤。机体功能的唤起状态对认知和动机产生了深远的影响,一项研究从反面证实了该观点,其认为当员工的生理健康被剥夺时,员工会做出不道德的行为,因为此时的认知出现了偏离⑥。机体功能主要满足了员工的自主需求和能力需求。需要指出的是,本书没有就机体功能和归属需要的关系进行假设,这是因为现有文献对促进归属需要满足的原因的研究主要聚集在心理满足或外界因素上,如人—组织匹配和人—团队匹配⑦、社会支持⑧,而非生理功能。的确,从理论上看,机体功能很难和归属需求发生化学反应,前者是行动能力和行动效率的前提,而后者则需要一些内在的、

① 柳之啸,李其樵,甘怡群,等. 健康态度与健康行为的一致性:一个有调节的中介模型 [J]. 中国心理卫生杂志,2014,28(8):586-591.

② GANSTER D C, ROSEN C C. Work stress and employee health: a multidisciplinary review [J]. Journal of management, 2013, 39(5):1085-1122.

③ DECI E L, OLAFSEN A H, RYAN R M. Self-determination theory in work organizations: the state of a science [J]. Annual review of organizational psychology & organizational behavior, 2017(4):19-43.

④ TETRICK L E, WINSLOW C J. Workplace stress management interventions and health promotion [J]. Annual review of organizational psychology & organizational behavior, 2015(2):583-603.

⑤ SCHULTZ A B, EDINGTON D W. Employee health and presenteeism: a systematic review [J]. Journal of occupational rehabilitation, 2007, 17(3):547-579.

⑥ YAM K C, REYNOLDS S J, HIRSH J B. The hungry thief: physiological deprivation and its effects on unethical behavior [J]. Organizational behavior & human decision processes, 2014, 125(2):123-133.

⑦ GREGURAS G J, DIEFENDORFF J M. Different fits satisfy different needs: linking person-environment fit to employee commitment and performance using self-determination theory [J]. Journal of applied psychology, 2009, 94(2):465-477.

⑧ FERNET C, STÉPHANIE A, TRÉPANIER S G, et al. How do job characteristics contribute to burnout? Exploring the distinct mediating roles of perceived autonomy, competence, and relatedness [J]. European journal of work and organizational psychology, 2013, 22(2):123-137.

情感方面的心理加工。

心理品质改善了员工在工作场所的相关动机，特别是长期坚持的动机，因为它能够影响员工关于效价、工具性和期望的信念，促使员工为自身设定更高的目标①。这种持续不断的付出使得员工的能力不断得到提高，加速了能力需求的满足。特别是对于和工作产出直接相关的心理状态，如工作满意度，它们与工作绩效和公民绩效具有非常直接的关系②。此外，当个体适应组织时，他们工作起来会更加得心应手，也更善于掌控自身的工作，进而促使自主需求得到满足③④⑤。需要指出的是，本书并未对职业适应性和能力需求满足提出理论假设，这主要是基于两方面的考虑：其一，职业适应性强调的是一种适应工作和组织的状态，它不像机体功能那样具有基础性的功能，也就是说，职业适应性不是实现能力需求满足的必备因素；其二，职业适应性的重点不在于增加动机去实现能力需求的满足，即员工职业适应性程度高低不会直接影响他们做出满足能力需求的行为，而是促进员工获得自主感和归属感，因此将其和能力需求满足建立直接的理论关系会显得比较突兀。基于以上的论述，本书提出如下假设：

假设 3，即健康人力资本对基本心理需求满足具有显著正向影响。

假设 3a，即机体功能对能力需求满足具有显著正向影响。

假设 3b，即机体功能对自主需求满足具有显著正向影响。

假设 3c，即心理品质对能力需求满足具有显著正向影响。

假设 3d，即心理品质对自主需求满足具有显著正向影响。

假设 3e，即心理品质对归属需求满足具有显著正向影响。

---

① FORD M T, CERASOLI C P, HIGGINS J A, et al. Relationships between psychological, physical, and behavioral health and work performance: a review and meta-analysis [J]. Work & Stress, 2011, 25 (3): 185-204.

② TARIS T W. Is there a relationship between burnout and objective performance? A critical review of 16 studies [J]. Work & Stress, 2006, 20: 316-334.

③ MACKEY J D, III B P E, HOCHWARTER W A, et al. Subordinate social adaptability and the consequences of abusive supervision perceptions in two samples [J]. The leadership quarterly, 2013, 24 (5): 732-746.

④ WIHLER A, MEURS J A, WIESMANN D, et al. Extraversion and adaptive performance: integrating trait activation and socio analytic personality theories at work [J]. Personality and individual differences, 2017, 116: 133-138.

⑤ 田慧荣，张剑，陈春晓. 领导反馈环境对员工离职倾向的影响：以职业适应能力为中介 [J]. 中国人力资源开发，2017 (4): 32-38.

假设 3f，即职业适应性对自主需求满足具有显著正向影响。

假设 3g，即职业适应性对归属需求满足具有显著正向影响。

四、基本心理需求满足的中介作用

基于以上的论述，健康人力资本促使员工能够以充沛的体力投入工作，以更饱满的活力开展工作，以良好的心智模式认识和理解工作环境，以积极的适应行为参与工作，满足了员工的三种基本心理需求，进而促使他们获得更高效的产出和更积极的工作体验。换言之，健康人力资本对员工的行为绩效系统具有举足轻重的作用，其相互关系得到了理论支持。进一步讲，这种关系之间发挥作用的机制促使个体基本心理需求得到满足。

自我决定理论及相关实证研究不仅从理论及实证上揭示了基本心理需求满足对工作幸福感的正向促进作用，还发现基本心理需求满足受到某些前摄变量的影响，进而表现出中介机制的功能①②③④。例如，有学者发现，自愿地帮助他人提高了施助者和受助者共同的工作幸福感，即亲社会行为的意愿或自主程度可以预测其对工作幸福感的影响，而心理需求的满足中介了这种关系⑤；还有学者对使命感和员工每天的工作幸福感之间的关系进行了探索，发现员工的使命感越高，其对应的基本心理需求越能得到满足，进而能获得较高的工作幸福感⑥。基本心理需求满足的中介作用还体现在与健康相关的因素和工作幸福感之间，如工作压力这一影响员工健康的变量会通过基本心理需求以倒"U"

① CANGIANO F, PARKER S K, YEO G B. Does daily proactivity affect well-being? The moderating role of punitive supervision [J]. Journal of organizational behavior, 2019, 40 (1): 59-72.

② CONWAY N, CLINTON M, STURGES J, et al. Using self-determination theory to understand the relationship between calling enactment and daily well-being [J]. Journal of organizational behavior, 2015, 36 (8): 1114-1131.

③ TRÉPANIER S G, FERNET C, AUSTIN S. Workplace bullying and psychological health at work: the mediating role of satisfaction of needs for autonomy, competence and relatedness [J]. Work & Stress, 2013, 27 (2): 123-140.

④ 冯一丹, 李爱梅, 颜亮, 等. 工作时间压力对主观幸福感的倒U形影响: 基本心理需求满足的中介作用 [J]. 中国人力资源开发, 2017 (8): 25-35.

⑤ WEINSTEIN N, RYAN R M. When helping helps: autonomous motivation for prosocial behavior and its influence on well-being for the helper and recipient [J]. Journal of personality and social psychology, 2010, 98 (2): 222-244.

⑥ CONWAY N, CLINTON M, STURGES J, et al. Using self-determination theory to understand the relationship between calling enactment and daily well-being [J]. Journal of organizational behavior, 2015, 36 (8): 1114-1131.

形的方式影响员工工作幸福感①。

一言以蔽之，根据自我决定理论的观点，健康人力资本促使员工因为内在的满意、认同等积极认知而行动，处于高度自治的状态，是一种自我决定的心理模式，促进了工作幸福感的提升。前文论述了健康人力资本与基本心理需求的关系，以及各个维度所对应的不同基本心理需求类型，本书认为基本心理需求中介了健康人力资本和工作幸福感之间的关系。不仅如此，健康人力资本的三个维度（机体功能、心理品质和职业适应性）与工作幸福感的正向关系也受到基本心理需求满足的中介。与基本心理需求对健康人力资本和工作绩效的假设一致，本书不再分别对基本心理需求三种类型的中介作用进行假设，而是把重点放在健康人力资本及其三个维度上。综上所述，本书提出如下假设：

假设4，即基本心理需求满足中介了健康人力资本和工作绩效之间的正向关系。

假设5，即基本心理需求满足中介了健康人力资本和工作幸福感之间的正向关系。

五、工作强化的调节作用

本书认为，健康人力资本对基本心理需求满足的促进作用受到工作强化的调节作用。首先，工作强化增加了工作时间。虽然通过延长工作时间可以获得暂时的工作绩效提升，但长时间工作对员工的精神状态、工作家庭平衡等都产生了消极的影响②。延长工作时间会造成员工身体功能的下降和消极的情感体验。更有甚者，随着科技的进步，越来越多的员工能够在传统的办公场所和传统的朝九晚五的工作日之外工作，无形之中延长了工作时间③④。因此，组织规定的工作时间延长很可能还不完全是真实工作时间。不仅如此，有学者指

① 冯一丹，李爱梅，颜亮，等.工作时间压力对主观幸福感的倒U形影响：基本心理需求满足的中介作用 [J].中国人力资源开发，2017 (8)：25-35.

② VAZIRI H，BENSON G S，SALAZAR, et al. Hardworking coworkers：a multilevel cross-national look at group work hours and work-family conflict [J]. Journal of organizational behavior, 2019, 40 (6)：676-692.

③ KELLIHER C，ANDERSON D. Doing more with less? Flexible working practices and the intensification of work [J]. Human relations, 2010, 63 (1)：83-106.

④ 张光磊，程欢，李铭泽.非工作时间电子沟通对员工主动性行为影响研究 [J].管理评论，2019, 31 (3)：154-165.

出，在西方缩减工时已成为普遍做法时，中国的工作延时却越来越趋于常态化①。换言之，在中国组织情境中，员工面临的工作时间延长问题会更突出。基于这种推断，工作时间延长更可能使得员工花费在自主工作安排、人际互动等与基本心理需求满足有关系的过程中的时间减少。其次，工作强化提高了工作强度。工作强度的提高意味着员工需要在既定的时间内完成更多的工作，容易造成员工的角色超载。角色超载的后果通常是消极的，如一位角色超载的员工在与他人发生人际互动时，效果往往较差②。不仅如此，工作强度的增加还容易使员工的情绪变得紧张③④。由此可见，员工在形成自主需求满足的过程中会受到阻碍。

相反地，在低工作强化的情境下，组织为员工塑造一种相对轻松和自由的氛围。管理者对工作绩效和工作目标的要求不是一味地通过延长工作时间和施加压力而实现，他们更在意通过柔性的管理措施来激发员工自愿开展工作的动机，从而实现管理的效能⑤。为此，由员工健康人力资本带来的体力充沛、认知活力等积极效果不会被抑制，员工有更多的自主行动权，也能够花费更多的时间和精力进行人际互动，相应的基本心理需求的满足程度会进一步得到提高。最后，与前面的假设保持一致，本书认为工作强化还干预了健康人力资本各个维度对基本心理需求的促进作用。就机体功能而言，在高工作强化的情境下，机体功能所蕴含的体力和活力等会被弱化，从而降低了员工基本心理需求的满足感。心理素质同样面临这种干预机制，因为工作强化不仅受时间和身体的影响，还会造成心理上的紧张、焦虑、耗竭等⑥，也损耗了基本心理需求的满足。职业适应性也不例外，当工作被强化时，员工用于发展人际关系等的时间

① 赵慧军，王娟娟. 中国情境的工作强化研究：结构探索与量表开发 [J]. 经济管理，2019，41 (5)：192-208.

② JHA S, BALAJI M S, YAVAS U, et al. Effects of frontline employee role overload on customer responses and sales performance [J]. European journal of marketing, 2017, 51 (2)：282-303.

③ FRANKE F. Is Work Intensification Extra Stress [J]. Journal of personnel psychology, 2015, 14 (1)：17-27.

④ GUNAWARDENA W A M S U. Defining work intensification through profession-specific job demands [J]. Journal of human resource and sustainability studies, 2019, 7 (3)：349-359.

⑤ LE FEVRE M, BOXALL P, MACKY K. Which workers are more vulnerable to work intensification? An analysis of two national surveys [J]. International journal of manpower, 2015, 36 (6)：966-983.

⑥ 同④。

将减少，导致基本心理需求的满足变少。需要说明的是，虽然工作强化是二维度结构，且本书也希望探索各个变量及其维度间的关系，但从以上的推论可以看出，工作强化的工作时间延长和工作强度增加两个维度很可能发挥了类似的干预作用。因此，本书从工作强化整体概念上进行假设推演，不再对其维度进行假设，而是重点关注对健康人力资本各个维度的调节作用。综上所述，本书提出如下假设：

假设6，即工作强化调节了健康人力资本和基本心理需求满足之间的正向关系。其中，当工作强化程度高时，健康人力资本对基本心理需求满足的正向影响较弱；反之较强。

假设6a，即工作强化调节了机体功能和基本心理需求满足之间的正向关系。其中，当工作强化程度高时，健康人力资本对基本心理需求满足的正向影响较弱；反之较强。

假设6b，即工作强化调节了心理品质和基本心理需求满足之间的正向关系。其中，当工作强化程度高时，健康人力资本对基本心理需求满足的正向影响较弱；反之较强。

假设6c，即工作强化调节了职业适应性和基本心理需求满足之间的正向关系。其中，当工作强化程度高时，健康人力资本对基本心理需求满足的正向影响较弱；反之较强。

第四节 调研程序与样本

一、调研方法与数据收集

本书通过实地发放调查问卷获取研究数据。问卷调查法由于其操作方便，且能有针对性地收集到一手数据，常被用于组织管理研究中。在《组织与管理研究的实证方法（第三版）》① 一书的指导下，本书就问卷设计、取样、数据收集与整理等过程进行了规范的实操。本书不仅在问卷调查的程序和步骤上严格遵循相关要求，还十分重视各步骤中的细节，如文字表达、印刷等。

———————

① 陈晓萍, 沈伟. 组织与管理研究的实证方法 [M]. 3 版. 北京：北京大学出版社, 2018.

本次调查问卷发放工作主要由研究团队的成员完成。调查对象为工作团队领导及其所属成员，团队领导者对下属员工的工作绩效进行打分评价；团队成员对其健康人力资本、基本心理需求、工作强化和工作幸福感4个变量进行评价。经过整理后，本书共获得有效问卷591份，来自91个团队。年龄和工作年限为连续变量，性别、受教育程度和组织类型为分类变量。其中，女性为"1"，男性为"2"；高中及以下学历为"1"，专科学历为"2"，本科学历为"3"，硕士及以上学历为"4"；政府事业单位为"1"，民营企业为"2"，国有企业为"3"，外资企业为"4"，其他为"5"。

健康人力资本有效性检验涉及的变量出处如下：基本心理需求采用工作相关基本需求满足量表（W-BNS）[1]，共16个条目，其中能力需求满足4个条目，自主需求满足6个条目，归属需求满足6个条目。该量表在相关的研究中被证实具有良好的信效度，且各个需求之间具有显著的区分效度[2][3]。工作强化采用了赵慧军和王娟娟（2019）开发的中国组织情境中的工作强化测量量表[4]，他们提出了工作时间延长和工作强度增加两个维度，包含16个题项。其中，1~9题测量工作时间延长，10~16题测量工作强度增加。工作绩效采用领导评价的方式测量员工的工作绩效，本书采用任务绩效量表与公民绩效量表共同构成工作绩效量表[5][6]。工作幸福感采用一般幸福感量表中的工作幸福感子量表进行测量，该量表从一家大型中国国有企业中获取了访谈数据，结合现

① VAN DEN BROECK A, VANSTEENKISTE M, DE WITTE H, et al. Capturing autonomy, competence, and relatedness at work: construction and initial validation of the Work-Related Basic Need Satisfaction scale [J]. Journal of occupational and organizational psychology, 2010, 83: 981-1002.

② TRÉPANIER S G, FERNET C, AUSTIN S. Workplace bullying and psychological health at work: the mediating role of satisfaction of needs for autonomy, competence and relatedness [J]. Work & Stress, 2013, 27 (2): 123-140.

③ VANDER ELST T, VAN DEN BROECK A, DE WITTE H, et al. The mediating role of frustration of psychological needs in the relationship between job insecurity and work-related well-being [J]. Work & Stress, 2012, 26 (3): 252-271.

④ 赵慧军, 王娟娟. 中国情境的工作强化研究: 结构探索与量表开发 [J]. 经济管理, 2019, 41 (5): 192-208.

⑤ WILLIAMS L J, ANDERSON S E. Job satisfaction and organizational commitment as predictors of organizational citizenship and in-role behaviors [J]. Journal of management, 1991, 17 (3): 601-617.

⑥ LEE K, ALLEN N J. Organizational citizenship behavior and workplace deviance: the role of affect and cognitions [J]. Journal of applied psychology, 2002, 87 (1): 131-142.

有相关量表生成了条目，并进行了中美跨文化的量表信效度检验①。在中国本土情境中，该量表显示出了良好的信效度②。该量表共包含 6 个条目，由员工在第二个时间点进行填写。根据健康人力资本、工作绩效、工作幸福感等相关实证研究的经验，本书控制了员工的性别、年龄、学历、工作年限和组织类型。

二、研究样本

（一）样本总括

本书的样本来源集中在西南地区，包括多个政企事业单位，涉及教育培训、通信服务、代加工以及金融等行业。通过导师、亲戚、朋友和同学等的帮助，我们获得了 150 个工作团队的支持，共 1 007 人。根据前文介绍的无效问卷筛除标准，本书在第一个时间节点共获得 792 份有效问卷，包含在 124 个工作团队中，有效率达 78.65%；在第二个时间节点，本书共获得有效问卷 633 份，包含在 102 个团队中，有效率达 79.92%；进行上下级匹配与团队规模判别后，本书最终的问卷调查数据包含 91 个团队，共计 591 名员工。与初始预计的工作团队和员工数量相比，团队有效率为 60.67%，员工有效率为 58.69%。需要说明的是，本书样本有效率在 60% 左右的原因主要有两个：一是本书设计了多时点的抽样方法，相同的员工需要在 3 个月后第二次填写问卷，增加了样本流失的可能性；二是样本中包含的制造型企业员工的离职率较高，特别是领导离职时无法获得员工工作绩效的数据，导致整个团队的样本都成为无效样本。

团队成员样本的基本信息如表 5-1 所示。其中，在性别方面，女性占 41.12%，男性占 58.88%；在年龄方面，25 周岁及以下人员占 7.78%，26~30 周岁人员占 22.67%，31~35 周岁人员占 19.80%，36~40 周岁人员占 20.47%，41~45 周岁人员占 13.03%，46 周岁及以上人员占 16.25%；在受教育程度方面，高中及以下人员占 2.20%，大专人员占 26.73%，本科人员占 48.73%，硕

① ZHENG X, ZHU W, ZHAO H, et al. Employee well-being in organizations: theoretical model, scale development, and cross-cultural validation [J]. Journal of organizational behavior, 2015, 36 (5): 621-644.

② 郑晓明, 刘鑫. 互动公平对员工幸福感的影响: 心理授权的中介作用与权力距离的调节作用 [J]. 心理学报, 2016, 48 (6): 693-709.

士及以上人员占 22.34%；在现单位工作年限方面，1 年及以下人员占 10.15%，2～5 年人员占 32.49%，6～9 年人员占 28.43%，10～15 年人员占 15.40%，16 年及以上人员占 13.53%；在组织类型方面，政府事业单位人员占 10.15%，民营企业人员占 40.44%，国有企业人员占 24.87%，外资企业人员占 10.49%，其他类型人员占 14.05%。

表 5-1　团队成员样本的基本信息（N=591）

人口特征变量	分类	频率	百分比/%
性别	女	243	41.12
	男	348	58.88
年龄	25 周岁及以下	46	7.78
	26～30 周岁	134	22.67
	31～35 周岁	117	19.80
	36～40 周岁	121	20.47
	41～45 周岁	77	13.03
	46 周岁及以上	96	16.25
受教育程度	高中及以下	13	2.20
	专科	158	26.73
	本科	288	48.73
	硕士及以上	132	22.34
现单位工作年限	1 年及以下	60	10.15
	2～5 年	192	32.49
	6～9 年	168	28.43
	10～15 年	91	15.40
	16 年及以上	80	13.53
组织类型	政府事业单位	60	10.15
	民营企业	206	40.44
	国有企业	147	24.87
	外资企业	122	10.49
	其他	56	14.05

（二）信效度检验

本节基于收集的正式样本数据，对本书理论模型中的五个变量正式量表的信度进行验证，各量表的内部一致性系数如表 5-2 所示。表 5-2 汇报了五个量表的内部一致性，以及各个变量维度的内部一致性，以进一步说明量表的信效度。根据各量表信度检验结果可知，仅有基本心理需求满足量表的自主需求满足维度的内部一致性相对较低，但仍处于可接受水平[①]；其余变量的内部一致性均大于 0.8，整个量表信度较高，处于理想水平。

表 5-2　量表内部一致性汇总

量表	维度	题项数	各维度 Cronbach's α	量表 Cronbach's α
健康人力资本	机体功能	9	0.911	0.939
	心理品质	10	0.908	
	职业适应性	12	0.953	
基本心理需求满足	能力需求满足	4	0.814	0.826
	自主需求满足	6	0.766	
	归属需求满足	6	0.894	
工作强化	工作时间延长	8	0.951	0.973
	工作强度增加	8	0.956	
工作绩效	—	21	—	0.936
工作幸福感	—	6	—	0.919

（三）区分效度检验

与第四章量表开发过程中的验证性因子分析一致，区分效度检验的模型拟合度的指标主要有卡方/自由度比（x^2/df）指标、渐进残差均方和平方根（RMSEA）、标准化残差均方和平方根（SRMR）、比较适配指数（CFI）、非规准适配指数（TLI）五个模型评价指标来对因子模型的优劣进行评判[②]。

在具体操作过程中，我们主要根据两项标准来进行因子组合：其一，根据填写者和填写时间进行组合；其二，按照变量间的相关系数，选择相关系数最

[①] 吴明隆. 问卷统计分析实务：SPSS 操作与应用 [M]. 重庆：重庆大学出版社，2010.

[②] 吴明隆. 结构方程模型：Amos 实务进阶 [M]. 重庆：重庆大学出版社，2017.

高的两组变量组合①②。由表 5-3 变量区分效度验证性因子分析结果（$N=591$）可知，五因子模型的拟合指标（$x^2=1\ 098.03$，df $=395$，x^2/df $=2.78$，RMSEA $=0.055$，CFI $=0.928$，TLI $=0.921$，SRMR $=0.037$）显著优于四因子模型、三因子模型、二因子模型和单因子模型的拟合指标。其中，五因子模型（M1）包括健康人力资本、基本心理需求满足、工作强化、员工工作绩效、工作幸福感；四因子模型（M2）包括健康人力资本、基本心理需求满足、工作强化、"员工工作绩效+工作幸福感"；四因子模型（M3）包括"健康人力资本+基本心理需求满足"、工作强化、员工工作绩效、工作幸福感；三因子模型（M4）包括健康人力资本、工作强化、"基本心理需求满足+员工工作绩效+工作幸福感"；三因子模型（M5）包括"健康人力资本+基本心理需求满足""工作强化+工作幸福感"和员工工作绩效；二因子模型（M6）包括"健康人力资本+基本心理需求满足+工作强化"和"工作幸福感+员工工作绩效"；单因子模型（M7）包括"健康人力资本+基本心理需求满足+工作强化+员工工作绩效+工作幸福感"。由此可见，本书的各个变量是可以清晰区分的，确实是不同的构念，同源方法偏差不严重。

表 5-3　变量区分效度验证性因子分析结果（$N=591$）

Models	χ^2	df	χ^2/df	$\triangle\chi^2$（df）[a]	RMSEA	CFI	TLI	SRMR
M1	1 098.03	395	2.78	—	0.055	0.928	0.921	0.037
M2	1 218.48	399	3.05	102.45[***]（4）	0.059	0.916	0.909	0.048
M3	1 335.65	399	3.35	237.62[***]（4）	0.063	0.904	0.896	0.071
M4	1 432.17	402	3.56	334.17[***]（7）	0.066	0.895	0.886	0.075
M5	3 041.31	402	7.57	1 943.28[***]（7）	0.105	0.730	0.708	0.146
M6	3 140.07	404	7.77	2 042.04[***]（9）	0.107	0.709	0.686	0.146
M7	5 541.34	406	13.65	4 443.31[***]（11）	0.146	0.635	0.609	0.291

注：所有的 $\triangle\chi^2$/df 均为和 M1 对比得出的结果；[***] 表示 $p<0.001$。

① PODSAKOFF P M, MACKENZIE S B, LEE J Y, et al. Common method biases in behavioral research：a critical review of the literature and recommended remedies［J］. Journal of applied psychology, 2003, 88（5）：879-903.

② SPECTOR P E, ROSEN C C, RICHARDSON H A, et al. A new perspective on method variance：a measure-centric approach［J］. Journal of management, 2019, 45（3）：855-880.

第五节 研究假设检验

一、变量相关性检验

在假设检验之前，本书使用描述性统计分析和相关分析计算各个变量之间的均值标准差及相关关系，以此初步判断变量间的相关性是否和理论预期一致。描述性统计和变量间的相关系数如表5-4所示，可以看出，健康人力资本与团队规模呈显著正相关关系（$r=0.30$，$p<0.01$）、与基本心理需求呈显著正相关关系（$r=0.42$，$p<0.01$）、与工作强化呈显著负相关关系（$r=-0.11$，$p<0.01$）、与工作绩效呈显著正相关关系（$r=0.30$，$p<0.01$）、与工作幸福感呈显著正相关关系（$r=0.19$，$p<0.01$）；基本心理需求与团队规模呈显著正相关关系（$r=0.08$，$p<0.05$）、与工作强化呈显著负相关关系（$r=-0.27$，$p<0.01$）、与工作绩效呈显著正相关关系（$r=0.40$，$p<0.01$）、与工作幸福感呈显著正相关关系（$r=0.36$，$p<0.01$）；工作强化与工作绩效呈显著负相关关系（$r=-0.15$，$p<0.05$）；工作绩效和工作幸福感呈显著正相关关系（$r=0.56$，$p<0.01$）。以上变量之间的相关性结果与本书理论预期的关系是一致的，从而也对本书后续的假设检验提供了初步证据。

表5-4 描述性统计和变量间的相关系数

变量	M	SD	1	2	3	4	5	6	7	8	9	10	11
性别	1.59	0.49	—	—	—	—	—	—	—	—	—	—	—
年龄	36.18	8.12	-0.35^*	—	—	—	—	—	—	—	—	—	—
受教育程度	2.91	0.76	0.13^*	-0.28^*	—	—	—	—	—	—	—	—	—
工作年限	8.57	6.11	-0.22^*	0.73^*	-0.16^*	—	—	—	—	—	—	—	—
组织类型	2.83	1.15	-0.01	-0.11^*	0.04	-0.15^*	—	—	—	—	—	—	—
团队规模	7.01	1.91	-0.02	0.09^*	-0.11^*	0.07	-0.02	—	—	—	—	—	—
健康人力资本	3.85	0.52	0.04	0.02	0.01	0.03	-0.01	0.12^*	(0.94)	—	—	—	—
基本心理需求	3.87	0.50	-0.07	0.06	0.03	0.08^*	0.03	0.08^*	0.42^*	(0.83)	—	—	—

表5-4(续)

变量	M	SD	1	2	3	4	5	6	7	8	9	10	11
工作强化	3.15	1.06	0.11**	-0.08*	0.02	-0.09*	0.06	-0.02	-0.11**	-0.27**	(0.97)	—	—
工作绩效	4.15	0.53	0.05	-0.01	0.01	0.08	-0.01	0.05	0.30**	0.40**	-0.15**	(0.94)	—
工作幸福感	3.99	0.75	0.06	-0.02	0.02	0.02	0.04	-0.06	0.19**	0.36**	-0.07	0.56**	(0.92)

注：$N=591$；M 表示平均数，SD 表示标准差；对角线括号内的数据为各变量的内部一致性系数；显著性水平，* 表示 $p<0.05$、** 表示 $p<0.01$（双尾），下同。

在前文方差分析和变量相关性分析的基础上，下节将对理论模型中所提出的各个研究假设进行检验，主要包括五部分内容：①健康人力资本对工作绩效和工作幸福感的主效应检验；②健康人力资本对基本心理需求满足的正向促进作用检验；③基本心理需求在健康人力资本和工作绩效与工作幸福感关系之间的中介作用检验；④工作强化对健康人力资本和基本心理需求满足关系的调节作用；⑤整体模型检验。

二、主效应检验

本书假设 1 提出，健康人力资本正向促进了员工工作绩效（H1），其中机体功能（H1a）、心理品质（H1b）、职业适应性（H1c）三个维度分别也对员工工作绩效起到了正向促进作用。为检验以上假设，本书分别将工作绩效和工作幸福感作为结果变量，将健康人力资本作为自变量，将性别、年龄、受教育程度、本单位工作年限、组织类型和团队规模作为控制变量，在 Mplus 7.4 软件中写入"cluster""type=twolevel random"等代码并运行。模型 1 为健康人力资本与工作绩效的关系，模型 2 为机体功能、心理品质、职业适应性与工作绩效的关系。与此同时，本书假设 2 提出，健康人力资本正向促进了工作幸福感（H2），其中机体功能（H2a）、心理品质（H2b）、职业适应性（H2c）三个维度分别也对员工工作幸福感起到了正向促进作用。模型 3 对应的是健康人力资本与工作幸福感的关系，模型 4 对应的是机体功能、心理品质、职业适应性与工作幸福感的关系。健康人力资本与工作绩效和工作幸福感关系的检验结果如表 5-5 所示。

表 5-5　健康人力资本与工作绩效和工作幸福感关系的检验结果

变量		工作绩效				工作幸福感			
		模型 1		模型 2		模型 3		模型 4	
		β	SE	β	SE	β	SE	β	SE
截距		4.26***	0.22	4.28***	0.22	4.11***	0.29	4.11***	0.29
控制变量	性别	0.04	0.04	0.04	0.04	0.07	0.05	0.09	0.05
	年龄	−0.01	0.004	−0.01*	0.004	−0.01	0.01	−0.004	0.01
	受教育程度	−0.01	0.03	−0.01	0.03	−0.01	0.03	−0.002	0.04
	工作年限	0.01**	0.01	0.01**	0.01	0.01	0.01	0.01	0.01
	组织类型	0.04	0.02	0.002	0.02	0.03	0.03	0.03	0.03
	团队规模	0.003	0.01	0.06*	0.03	−0.03*	0.02	−0.03*	0.02
主变量	健康人力资本	0.31***	0.08	—	—	0.29***	0.08	—	—
	机体功能	—	—	0.06	0.03	—	—	0.13**	0.04
	心理品质	—	—	0.12*	0.06	—	—	0.18**	0.06
	职业适应性	—	—	0.18**	0.06	—	—	0.04	0.07

从表 5-5 可以看出，首先，健康人力资本与工作绩效呈显著正相关关系（$\beta=0.31$，$p<0.001$），机体功能与工作绩效呈显著正相关关系（$\beta=0.06$，$p<0.05$），心理品质与工作绩效呈显著正相关关系（$\beta=0.12$，$p<0.05$），职业适应性与工作绩效呈显著正相关关系（$\beta=0.18$，$p<0.01$）。由此可见，假设 1、假设 1a、假设 1b 和假设 1c 得到验证。其次，健康人力资本与工作幸福感呈显著正相关关系（$\beta=0.29$，$p<0.001$），机体功能与工作幸福感呈显著正相关关系（$\beta=0.13$，$p<0.01$），心理品质与工作幸福感呈显著正相关关系（$\beta=0.18$，$p<0.01$），职业适应性与工作幸福感不存在相关关系（$\beta=0.04$，n.s.）。由此可见，假设 2、假设 2a、假设 2b 到验证。假设 2c 未得到验证，本书将在研究结论部分进行阐释。

三、健康人力资本与基本心理需求关系检验

本书提出基本心理需求在健康人力资本影响工作绩效和工作幸福感的过程中扮演了中介角色，为检验该假设，本节就健康人力资本与基本心理需求的关系

（H3）进行检验。与此同时，本书从理论上认为健康人力资本的机体功能、心理品质和职业适应性三个维度与基本心理需求满足的能力需求、自主需求和归属需求三个维度之间存在着专门化的影响。为此，本书进一步提出，机体功能与能力需求（H3a）和自主需求（H3b）存在显著正相关关系，心理品质与能力需求（H3c）、自主需求（H3d）和归属需求（H3e）存在显著正相关关系，职业适应性与自主需求（H3f）和归属需求（H3g）存在显著正相关关系。假设3的检验与前文主效应检验操作程序一致，其中模型1为健康人力资本基本心理需求的关系，模型2为机体功能和心理品质与自主需求的关系，模型3为机体功能、心理品质、职业适应性和自主需求的关系，模型4为心理品质、职业适应性与自主需求的关系。健康人力资本与基本心理需求关系的检验结果如表5-6所示。

表5-6　健康人力资本与基本心理需求关系的检验结果

<table>
<tr><td rowspan="3">变量</td><td colspan="2">基本心理需求</td><td colspan="2">能力需求</td><td colspan="2">自主需求</td><td colspan="2">归属需求</td></tr>
<tr><td colspan="2">模型1</td><td colspan="2">模型2</td><td colspan="2">模型3</td><td colspan="2">模型4</td></tr>
<tr><td>β</td><td>SE</td><td>β</td><td>SE</td><td>β</td><td>SE</td><td>β</td><td>SE</td></tr>
<tr><td colspan="2">截距</td><td>3.78***</td><td>0.17</td><td>3.74***</td><td>0.29</td><td>3.81***</td><td>0.20</td><td>3.76***</td><td>0.27</td></tr>
<tr><td rowspan="6">控制变量</td><td>性别</td><td>−0.08**</td><td>0.04</td><td>−0.14**</td><td>0.05</td><td>−0.05</td><td>0.04</td><td>−0.04</td><td>0.06</td></tr>
<tr><td>年龄</td><td>−0.001</td><td>0.003</td><td>−0.002</td><td>0.01</td><td>−0.004</td><td>0.004</td><td>0.001</td><td>0.004</td></tr>
<tr><td>受教育程度</td><td>0.03</td><td>0.02</td><td>0.10**</td><td>0.04</td><td>0.02</td><td>0.03</td><td>0.004</td><td>0.04</td></tr>
<tr><td>工作年限</td><td>0.01</td><td>0.01</td><td>0.001</td><td>0.01</td><td>0.01</td><td>0.01</td><td>0.01</td><td>0.01</td></tr>
<tr><td>组织类型</td><td>0.02</td><td>0.01</td><td>−0.01</td><td>0.02</td><td>0.02</td><td>0.02</td><td>0.05</td><td>0.03</td></tr>
<tr><td>团队规模</td><td>0.01</td><td>0.01</td><td>0.01</td><td>0.01</td><td>0.003</td><td>0.01</td><td>0.02</td><td>0.02</td></tr>
<tr><td rowspan="4">主变量</td><td>健康人力资本</td><td>0.40***</td><td>0.04</td><td>—</td><td>—</td><td>—</td><td>—</td><td>—</td><td>—</td></tr>
<tr><td>机体功能</td><td>—</td><td>—</td><td>0.13**</td><td>0.04</td><td>0.07*</td><td>0.03</td><td>—</td><td>—</td></tr>
<tr><td>心理品质</td><td>—</td><td>—</td><td>0.18***</td><td>0.05</td><td>0.15***</td><td>0.04</td><td>0.23***</td><td>0.05</td></tr>
<tr><td>职业适应性</td><td>—</td><td>—</td><td>—</td><td>—</td><td>0.23***</td><td>0.06</td><td>0.17**</td><td>0.06</td></tr>
</table>

从表5-6可以看出，健康人力资本与基本心理需求满足呈显著正相关关系（$\beta=0.40$，$p<0.001$）。就具体维度而言，机体功能与能力需求呈显著正相关关系（$\beta=0.13$，$p<0.01$），心理品质与能力需求呈显著正相关关系（$\beta=$

0.18，$p<0.001$）；机体功能与自主需求呈显著正相关关系（$\beta=0.07$，$p<0.05$），心理品质与自主需求呈显著正相关关系（$\beta=0.15$，$p<0.001$），职业适应性与自主需求呈显著正相关关系（$\beta=0.23$，$p<0.001$）；心理品质与归属需求呈显著正相关关系（$\beta=0.23$，$p<0.001$），职业适应性与归属需求呈显著正相关关系（$\beta=0.23$，$p<0.001$）。由此可见，假设3、假设3a、假设3b、假设3c、假设3d、假设3e、假设3f、假设3g 均得到验证。

四、中介效应检验

（一）基本心理需求对健康人力资本和工作绩效的中介效应检验

本书假设 4 提出，基本心理需求中介了健康人力资本和工作绩效的正向关系（H4）。此外，本书还继续探讨了基本心理需求分别在机体功能（H4a）、心理品质（H4b）、职业适应性（H4c）和工作绩效关系之间的中介作用。基本心理需求对健康人力资本和工作绩效关系的中介效应检验结果如表5-7 所示。

表 5-7　基本心理需求对健康人力资本和工作绩效关系的中介效应检验

<table>
<tr><td colspan="2" rowspan="3">变量</td><td colspan="2">基本心理需求满足</td><td colspan="4">工作绩效</td></tr>
<tr><td colspan="2">模型 1</td><td colspan="2">模型 2</td><td colspan="2">模型 3</td></tr>
<tr><td>β</td><td>SE</td><td>β</td><td>SE</td><td>β</td><td>SE</td></tr>
<tr><td colspan="2">截距</td><td>3.78 ***</td><td>0.17</td><td>4.26 ***</td><td>0.22</td><td>2.88 ***</td><td>0.28</td></tr>
<tr><td rowspan="6">控制变量</td><td>性别</td><td>−0.08 **</td><td>0.04</td><td>0.04</td><td>0.04</td><td>0.07</td><td>0.04</td></tr>
<tr><td>年龄</td><td>−0.001</td><td>0.003</td><td>−0.01</td><td>0.004</td><td>−0.01</td><td>0.004</td></tr>
<tr><td>受教育程度</td><td>0.03</td><td>0.02</td><td>−0.01</td><td>0.03</td><td>−0.02</td><td>0.03</td></tr>
<tr><td>工作年限</td><td>0.01</td><td>0.01</td><td>0.01 **</td><td>0.01</td><td>0.01 **</td><td>0.01</td></tr>
<tr><td>组织类型</td><td>0.02</td><td>0.01</td><td>0.04</td><td>0.02</td><td>−0.01</td><td>0.02</td></tr>
<tr><td>团队规模</td><td>0.01</td><td>0.01</td><td>0.003</td><td>0.01</td><td>0.001</td><td>0.01</td></tr>
<tr><td rowspan="2">主变量</td><td>健康人力资本</td><td>0.40 ***</td><td>0.04</td><td>0.31 ***</td><td>0.08</td><td>0.16</td><td>0.08</td></tr>
<tr><td>基本心理需求满足</td><td>—</td><td>—</td><td>—</td><td>—</td><td>0.36 ***</td><td>0.05</td></tr>
<tr><td colspan="2">Monte Carlo 95% CI</td><td>—</td><td></td><td colspan="4">[0.10, 0.20]</td></tr>
</table>

注：Monte Calo 95 CI 表示 95% 水平下的 Monte Carlo 置信区间，通过 Selig 和 Preacher（2008）开发的在线 R 程序计算得到，重复抽样次数为 20 000 次，下同。

从表5-7可以看出，在控制了相应的控制变量后，健康人力资本与基本心理需求呈显著正相关关系（$\beta = 0.40$，$p < 0.001$），基本心理需求与工作绩效呈显著正相关关系（$\beta = 0.36$，$p < 0.001$）。在加入基本心理需求后，健康人力资本与工作绩效的系数从0.31降为0.16，且不显著，说明基本心理需求满足对健康人力资本与工作绩效的关系的中介作用成立，该中介效应是完全中介。20 000次的Monte Carlo重复抽样显示，中介作用的95%置信区间为 [0.10，0.20]，没有经过"0"，这进一步证实了该中介作用。由此可见，假设4得到验证。

（二）基本心理需求对健康人力资本和工作幸福感的中介效应检验

本书假设5提出，基本心理需求满足还中介了健康人力资本与工作幸福感的关系（H5）。该假设的检验方法和程序与假设4一致，其检验结果如表5-8所示。从表5-8可以看出，在控制了相应的控制变量后，健康人力资本与基本心理需求呈显著正相关关系（$\beta = 0.40$，$p < 0.001$），基本心理需求与工作幸福感呈显著正相关关系（$\beta = 0.51$，$p < 0.001$）。我们在模型3中加入基本心理需求后，健康人力资本与工作绩效的系数从0.31降为0.16，且不显著，说明基本心理需求满足对健康人力资本与工作绩效的关系的中介作用成立，该中介效应是完全中介。20 000次的Monte Carlo重复抽样显示，中介作用的95%置信区间为 [0.14，0.28]，没有经过"0"，这进一步证实了该中介作用。由此可见，假设5得到验证。

表5-8 基本心理需求对健康人力资本和工作幸福感关系的中介效应检验

变量		基本心理需求		工作幸福感			
		模型 1		模型 2		模型 3	
		β	SE	β	SE	β	SE
截距		3.78***	0.17	4.11***	0.29	2.18***	0.28
控制变量	性别	-0.08**	0.04	0.07	0.05	0.11*	0.05
	年龄	-0.001	0.003	-0.01	0.01	-0.004	0.01
	受教育程度	0.03	0.02	-0.01	0.03	-0.01	0.04
	工作年限	0.01	0.01	0.01	0.01	0.01	0.01
	组织类型	0.02	0.01	0.03	0.03	0.02	0.03
	团队规模	0.01	0.01	-0.03*	0.02	-0.04*	0.02

表5-8(续)

变量		基本心理需求		工作幸福感			
		模型 1		模型 2		模型 3	
		β	SE	β	SE	β	SE
主变量	健康人力资本	0.40***	0.04	0.29***	0.08	0.09	0.09
	基本心理需求满足	—	—	—	—	0.51***	0.08
Monte Carlo 95% CI		—		[0.14, 0.28]			

五、调节效应检验

本书假设 6 提出，工作强化调节了健康人力资本和基本心理需求满足的正向关系。其中，当工作强化程度高时，健康人力资本对基本心理需求满足的正向促进作用较弱；反之则较强。为检验该假设，本书将控制变量、健康人力资本、工作强化及其交互项共同对基本心理需求满足进行回归，在此基础上采用简单斜率分析分别计算工作强化高或低时的具体效应。为了进一步探究工作强化对健康人力资本和基本心理需求满足关系的调节效应（模型 1），本书还将具体考察工作强化在健康人力资本的三个维度和基本心理需求满足关系之间的调节效应，即相应的假设 6a、假设 6b 和假设 6c，分别对应表 5-9 中的模型 2、模型 3 和模型 4。工作强化的调节效应检验结果如表 5-9 所示。

表 5-9　工作强化的调节效应检验

变量		基本心理需求满足							
		模型 1		模型 2		模型 3		模型 4	
		β	SE	β	SE	β	SE	β	SE
	截距	3.70***	0.17	3.63***	0.22	3.67***	0.18	3.71***	0.18
控制变量	性别	−0.07	0.04	−0.05	0.04	−0.04	0.04	−0.06	0.04
	年龄	−0.001	0.003	−0.001	0.03	−0.001	0.003	−0.001	0.003
	受教育程度	0.02	0.03	0.03	0.03	0.02	0.03	0.02	0.03
	工作年限	0.01	0.001	0.01	0.004	0.01	0.01	0.01	0.004
	组织类型	0.02	0.02	0.01	0.02	0.02	0.02	0.01	0.02
	团队规模	0.02	0.01	0.02	0.01	0.02	0.01	0.02	0.01

表5-9(续)

变量		基本心理需求满足							
		模型 1		模型 2		模型 3		模型 4	
		β	SE	β	SE	β	SE	β	SE
主变量	健康人力资本	0.37^{***}	0.04	—	—	—	—	—	—
	机体功能	—	—	0.18^{***}	0.03	—	—	—	—
	心理品质	—	—	—	—	0.26^{***}	0.04	—	—
	职业适应性	—	—	—	—	—	—	0.31^{***}	0.04
	工作强化	-0.08^{***}	0.02	-0.09^{**}	0.03	-0.09^{***}	0.03	-0.09^{***}	0.02
	交互项	—	—	—	—	—	—	—	—
	健康人力资本×工作强化	-0.14^{**}	0.04	—	—	—	—	—	—
	机体功能×工作强化	—	—	-0.07^{*}	0.03	—	—	—	—
	心理品质×工作强化	—	—	—	—	-0.09	0.05	—	—
	职业适应性×工作强化	—	—	—	—	—	—	-0.14^{**}	0.04

从表5-9中的模型1可以看出，工作强化对健康人力资本和基本心理需求满足关系的调节作用成立（$\beta = -0.14$，$p < 0.01$）。简单斜率分析进一步显示，当工作强化程度高时，调节效应成立（simple slope = 0.22，$p < 0.001$）；当工作强化程度低时，调节效应成立（simple slope = 0.52，$p < 0.001$；difference = -0.30，$p < 0.01$）。由此可见，假设6得到验证。工作强化在健康人力资本与基本心理需求满足之间的调节作用如图5-2所示。

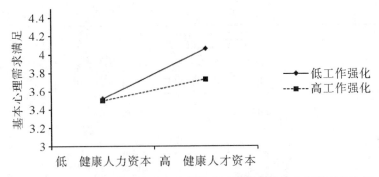

图5-2　工作强化在健康人力资本与基本心理需求满足之间的调节作用

从表5-9中的模型2可以看出，工作强化对机体功能和基本心理需求满足关系的调节作用成立（$\beta=-0.07$，$p<0.05$）。简单斜率分析进一步显示，当工作强化程度高时，调节效应成立（simple slope$=0.11$，$p<0.05$）；当工作强化程度低时，调节效应成立（simple slope$=0.26$，$p<0.001$；difference$=-0.15$，$p<0.05$）。由此可见，假设6a得到验证。工作强化在机体功能与基本心理需求满足之间的调节作用如图5-3所示。

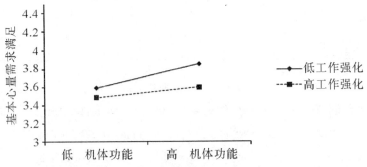

图5-3　工作强化在机体功能与基本心理需求满足之间的调节作用

从表5-9中的模型3可以看出，工作强化对心理品质和基本心理需求满足关系的调节作用不成立（$\beta=-0.09$，n.s.）。的确，简单斜率分析进一步显示，虽然工作强化程度高（simple slope$=0.11$，$p<0.05$）和工作强化程度低（simple slope$=0.26$，$p<0.001$）时的调节效应成立，但其差异不显著（difference$=-0.15$，$p<0.05$）。也就是说，高的工作强化和低的工作强化对心理品质和基本心理需求满足的干预作用没有显著差异。由此可见，假设6b不成立。

从模型 4 可以看出，工作强化对职业适应性和基本心理需求满足关系的调节作用成立（$\beta = -0.14$, $p < 0.01$）。简单斜率分析进一步显示，当工作强化程度高时，调节效应成立（simple slope = 0.16, $p < 0.05$）；当工作强化程度低时，调节效应成立（simple slope = 0.45, $p < 0.001$；difference = -0.29, $p < 0.01$）。由此可见，假设 6c 得到验证。工作强化在职业适应性与基本心理需求满足之间的调节作用如图 5-4 所示。

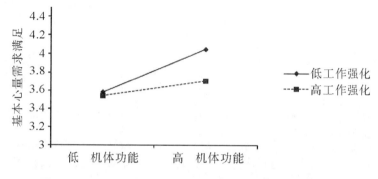

图 5-4　工作强化在职业适应性与基本心理需求满足之间的
调节作用

六、假设检验结论

本部分既检验了健康人力资本的有效性，又检验了前文探索的健康人力资本概念内涵、结构维度、测量体系和测量量表。具体而言，本章首先验证了健康人力资本对工作绩效和工作幸福感的直接促进作用，同时具体到机体功能、心理品质和社会适应性三个维度；其次验证了基本心理需求的中介作用，且在对工作绩效和工作幸福感的影响过程中都存在中介效应；最后发现了工作强化对健康人力资本和基本心理需求满足关系的调节作用。以上的结论既支持了前文健康人力资本概念内涵等基础性问题的考察，又佐证了健康人力资本的有效性，即健康人力资本是一个既能提高绩效又能促进幸福感的重要构念。

第六章　健康人力资本的提升策略

如何提高员工的健康人力资本？对该问题的探索不仅能丰富相关的理论研究，更重要的是还能为管理实践带来具体的指引。基于本书对健康人力资本概念内涵的探索，健康人力资本是一个强调个体感知的构念，并包括了机体功能、心理品质和职业适应性三个维度。进一步讲，由于健康包含了较多的内容，直接分析它的提升策略有一定难度且容易失去关键信息；相反地，从机体功能、心理品质和职业适应性三个维度去分析则更为具体，也更能提出具有针对性的建议。因此，本书对健康人力资本的提升策略定位于机体功能、心理品质和职业适应性三个方面。不难发现，这三个方面的水平会来自父母遗传、社会环境、工作内容、自我管理等。当然，父母遗传和社会环境不在本书的讨论范围，本书定位于组织管理内的健康人力资本提升策略。更为具体地看，来自顶层的组织以及中层领导和基层个体都有可能影响到员工健康人力资本。因此，我们分析健康人力资本的提升策略不能仅从一个层面进行，而是应该考虑到组织、部门和员工三个层级。

总之，本书以自上而下的组织层级为逻辑顺序，分别从组织、部门和员工三个层级对健康人力资本的提升策略进行阐述。其中，组织层面重点阐述健康人力资本相关的制度设计，部门层面重点关注领导者对健康人力资本制度的执行和激励，而员工层面则集中在对员工自我健康管理的分析。这些策略旨在提高机体功能、心理品质和职业适应性三个具体的方面，进而促进健康人力资本的增长。这种基于组织层级的论证能够提供更具有针对性的理论意义和实践意义，下面我们将进行详细的分析。基于组织层级的健康人力资本提升策略思路如图 6-1 所示。

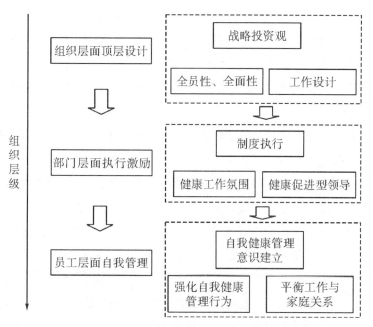

图 6-1　基于组织层级的健康人力资本提升策略思路

第一节　组织层面的健康管理顶层设计

一、建立健康人力资本战略投资观

对大多数中国企业管理者而言，健康费用通常被视为不得不支付的管理成本，而不是基于未来发展考虑的人力资本投资。这种现象最根本的原因可能是人们对健康的经济价值没有正确的认识，然而，随着经济和社会的不断发展，员工对健康的诉求越来越强烈，健康的功能也越来越凸显。事实上，美国的企业普遍采取了专业的员工健康管理模式①。20 世纪末，陆续有研究将健康风险与健康状况和医疗费用联系起来，得出了这样的结论：90% 的个人和企业通过

---

① 刘红委. 美国密苏里大学员工健康管理及经验启示 [J]. 中国学校卫生，2013，34 (6)：728-730.

健康管理，医疗费用降到了原来的 10%，而余下 10% 的个人和企业未做健康管理，医疗费用反而比原来上升了 90%①。也就是说，若缺乏健康管理，员工的健康风险往往和更高的医疗成本存在明显的联系，健康风险和医疗成本之间存在正向关系②。可以看出，若不进行科学有效的员工健康管理，很可能造成更大的损失，但现实情况是，这种健康管理的理念并未在国内企业中建立起来。

本书通过系统性考察证实了健康人力资本的价值。事实上，正如某些学者所言，员工中存在的健康风险因素不仅在卫生保健费用方面对雇主来说是昂贵的，而且造成了与生产力降低有关的费用，但许多雇主在意的是那些容易衡量的医疗保健成本，忽视了健康对生产力的影响③。对一些慢性病和一些健康风险因素的研究表明，生产率下降的成本超过了医疗成本。当健康水平极差，甚者出现死亡时，组织的损失更是难以承受。例如，有研究显示，高管突然去世事件为涉事企业带来相当于市值平均约 1.176 亿元的损失④。正如本书结论所展示的，员工健康人力资本能够提高工作绩效，即对健康人力资本进行投资会促使员工在工作中表现得越来越好，并间接地促进了企业的发展。不仅如此，员工健康水平的提高还使得他们在工作中获得更高的幸福感。因此，本书建议管理者将健康费用视为一项战略投资而不是管理成本，从思想上重视员工的健康问题。例如，在购买员工体检套餐时，从投资收益的角度考虑，选择更为优质的套餐，而不是只基于成本考虑。

进一步讲，在思想上重视健康也是解决本书提出的健康管理困境的关键措施。所谓的健康管理困境，即员工和企业有不同的诉求，导致了健康管理和经济价值追求存在冲突。具体而言，作为追求经济价值的组织，企业无可厚非地希望获取高额利润，进而过度开发员工，造成了高工作压力等现象，这在一定

---

① 陈薇静，杨俊. 构建企业知识型员工个性化健康管理体系 [J]. 中国人力资源开发，2010 (9)：35-37.

② YEN L T, EDINGTON D W, WITTING P. Associations between employee health-related measures and prospective medical insurance costs in a manufacturing company [J]. American journal of health promotion, 1991 (6)：46-54.

③ SCHULTZ A B, EDINGTON D W. Employee health and presenteeism：a systematic review [J]. Journal of occupational rehabilitation, 2007, 17 (3)：547-579.

④ 罗进辉，李雪，黄泽悦. 关键高管的人力资本价值评估：基于关键高管突然去世事件的经验研究 [J]. 中国工业经济，2016 (5)：129-145.

程度上损害了员工的心理健康和生理健康。特别是在转型升级的国内大环境下，企业面临的压力越来越大，而这种压力最终将转化到员工身上。因此，从企业的角度来看，它们希望员工创造更多的价值，甚至不惜采取一系列的手段过度开发员工的人力资本，如频繁的加班等。然而，从员工的角度来看，员工进入企业工作不只是为了获得物质报酬，更重要的是实现自我价值，获得幸福感。因此，员工在意自身的健康人力资本水平，对积极情感、健康等内在需求具有强烈的诉求。本书的研究结论表明，健康人力资本具有经济价值，能够提高员工的工作绩效和工作幸福感。因此，重视员工健康人力资本，也就是满足企业价值追求和员工健康诉求的必要前提。

二、提供"全员""全面"的健康管理服务

员工健康人力资本水平的提升来自企业科学的健康管理服务，然而与国际一流企业相比，国内企业的健康管理能力还处于较低水平，甚至是起步阶段。结合研究团队在实地访谈过程中的见闻，本书重点从企业进行健康管理时的"全员性"和"全面性"入手，因此这是较为突出的两个尚不完善的地方。为了更好地阐明"全员性"和"全面性"，我们有必要对健康管理的内涵进行梳理。员工健康管理就是根据员工检测出的各种健康风险因素进行综合性管理的过程，其目的在于增强整个员工的健康意识，促进员工的健康行为方式，并在有计划和有组织的系统过程中提高员工的生活质量。换句话说，健康管理就是对员工健康生活方式进行的一种有效指导，化被动为主动，将治疗护理类型的被动的健康管理转化为主动需求的健康管理，更加有效地保持和促进员工的健康。有研究者指出，健康管理是健康和生产力管理，他们认为员工健康管理既不是健康保险问题，也不是职业安全问题，而是工作场所问题[①]。企业可以通过创造氛围良好的工作场所来提高员工的创造力和生产效率。事实上，很多企业的管理者认识到安全、环境与健康管理和传统的企业管理属于同一个不可分割的统一体，企业的绩效与发展和员工的健康状况密切相关。健康管理正在成为一项真正的企业战略管理，企业决策者们开始改变他们对员工健康的投资方向。的确，实施健康管理并开展健康投资与管理会提高人力资源的质量甚至员

---

① CHAPMAN L S. The art of health promotion [J]. American journal of health promotion, 2004, 19 (1): 1-2.

工的生命力，从而提高企业人力资本收益，提升企业的核心竞争力，最终促进企业的可持续发展①。

意识到员工健康对组织绩效的重要促进作用，世界许多一流企业向员工提供了全面、整体的健康管理服务。美世咨询公司（2007）调研数据显示，美国 80% 的大型企业都不同程度地实施了员工健康管理计划。事实上，员工健康管理强调的是全面且整体的健康管理理念，企业或健康管理机构从不同方向着眼于员工健康，对他们进行健康教育，普及健康知识，宣传促进健康的生活理念，通过提倡健康的生活方式让员工保持健康状态，改善员工的工作环境，提高了企业员工的工作积极性和归属感；采取相应措施对急性疾病和职业病进行预防，减少疾病的发生，不仅降低了医疗费用，还提高了工作效率。这一系列的举措力求以员工的实际健康需求制定相应的健康管理措施解决员工的健康问题，这与以提升人力资本的质量为指导的员工健康管理不谋而合。可以看出，健康管理是一项面向全体员工、提供全方位健康服务的组织经营制度。

调查团队发现部分企业根据员工工龄或者职位等级制定了差异性的健康管理服务，如某大型代工厂对车间主任以上的员工制定的体检套餐费用是普通一线员工的一倍有余。在深度访谈的过程中，企业方向我们提供了两方面的依据：首先，一线员工的离职率较高，不利于系统性的健康管理；其次，通常来说职位等级和年龄是正相关的，而年龄又和健康问题正相关，因此对职位等级高的员工进行更多的健康投入是合理的。或许这家代工厂的健康管理策略具有一定的代表性，但仔细分析不难发现这种测量是不够科学的。企业不能因为离职率高而降低健康管理的力度，员工很可能是因为没有享受到应有的健康福利，以及可能因为健康而改变的工作绩效和工作幸福感等，从而选择离职。从管理上讲，健康管理应当是一种常态化的工作，不能因人员流动而差异化对待。此外，职位等级越高的人享受了越多的健康服务，这也是不科学的，主要有两方面原因：第一，健康问题正在年轻化，越来越多的不到 30 周岁的员工正面临着健康问题，年轻的员工也需要健康管理服务；第二，这种根据职位等级制定的健康服务制度容易造成公平问题，并且由于健康是个人的基本权利而

---

① SCHULTZ A B, EDINGTON D W. Employee health and presenteeism: a systematic review [J]. Journal of occupational rehabilitation, 2007, 17（3）: 547-579.

使得公平问题更加凸显，而公平问题是影响员工态度和行为的重要因素①。因此，本书强调在进行相关的健康管理制度设计时，企业应当考虑到"全员性"和"全面性"。

三、进行科学和人性化的工作设计

除了在思想上重视员工健康，并提供"全员"和"全面"的健康管理服务，组织还应当制定科学的且人性化的工作设计。具体而言，本书通过研究发现，工作时长可以干扰健康人力资本的作用效果。的确，近年来颇受关注的"996"工作制受到了很多人的批评（王博 等，2019）②。合理安排工作时间是确保员工身心健康和劳动效率的重要前提，需要注意的是合理安排工作时间不是强调减少工作时间，而是将其设计得更为科学和人性化。例如，本书建议对于晚上因公加班的员工，第二天可以晚到，以保障充足的休息时间。在工作时长得到科学的安排后，健康人力资本更能提高员工的基本心理需求。此外，受新型冠状病毒肺炎疫情影响，组织不得不采取一系列打破传统的工作设计，其中员工远程办公便是典型的工作设计之一。对员工而言，远程办公可以减少通勤时间，可以更灵活地安排工作，可以自主地设计工作环境；对企业而言，节约了管理成本，在人才招揽上也不受地域的限制。事实上，不只是为了应对疫情，员工远程办公也为雾霾等其他可能严重影响员工健康的现象提供了解决思路。在今后的工作中，远程办公可作为一种有效的新的工作设计。

第二节 部门层面的健康管理执行和激励

一、部门的健康管理执行

在部门层面，主要涉及对健康管理制度进行执行，本书结合健康人力资本

---

① COLQUITT J A, CONLON D E, WESSON M J, et al. Justice at the millennium：a meta-analytic review of 25 years of organizational justice research ［J］. Journal of applied psychology，2001，86（3）：425-445.

② 王博，俞海杰.马克思主义劳动观念视角下的"996"现象分析：兼论新时代劳动与发展的关系 ［J］. 未来与发展，2019，43（7）：7-11.

的内涵提出三个方法，随后列举一些可供操作的具体措施。第一，鼓励员工提高身体素质，包括对健康知识的掌握和健康生活方式的养成等，以及工作场所内和工作场所外的锻炼活动。为此，组织应当做好健康知识的宣传，帮助员工掌握相关的健康知识，梳理自我健康管理意识，增加更多的健康行为。此外，在条件允许的情况下，可在组织内开设健身房，丰富员工的组织生活，并起到锻炼身体的作用。事实上，健身项目对组织至少有四方面的好处：①提高了吸引应聘者的能力；②提高了员工的热情和忠诚度；③反映公司对雇员生活中与工作无关的方面的关心；④间接地提高了生产率。第二，加强员工心理健康的建设，关心员工的内心世界。随着人们越来越意识到心理健康的重要性，员工在职场环境的心理状况受到了热议。特别是随着生活节奏加快和工作压力增大，员工面临的焦虑、抑郁等心理问题不断出现。严重的心理疾病不仅给员工的工作和生活带来了困扰，甚至还产生了严重的后果，这在一定程度上会损害组织的名誉。为此，组织可以与专业的第三方公司合作，开通心理咨询的渠道，向员工提供心理辅导服务。管理者除了关注任务目标和工作绩效以外，还应该给予员工适当的人文关怀。第三，提升员工的职业适应能力。为提高员工的职业适应性，管理者可以开展团队建设，增进彼此间的人际互动，促使上下级之间以及同事与同事之间可以更好地了解对方，建立良好的人际氛围。此外，管理者应当鼓励工作场所中的人际互动，如支持员工共进午餐，以促进彼此间的社会互动。

根据本书的结论，并追溯到前期实地调研走访的见闻，本书提出一些具体的健康管理措施。其一，做好办公场所的清洁工作。该工作可在人力资源部门的倡导和宣传下，由具体部门内员工完成。在部门内，领导者可以灵活安排轮流打扫清洁卫生，在条件允许的情况下还可以进行定期消毒。对于那些从事直接与健康相关的工作的员工，人力资源部门还应当为其提供必要的防护工具，如我们走访的一家电子设备代工厂，为涉及化学用品的车间员工配备了专业的手套。其二，优化饮食。对于提供餐饮的单位，应当充分考虑膳食营养，合理安排一日三餐。营养摄入是健康人力资本的主要投资手段，在实地调研中我们还发现，是否提供餐饮是员工就业的考虑之一，而餐饮质量很可能影响工作满意度。其三，继续完善员工体检制度。虽然健康体检是大多数组织都提供的福利，但仍然有改进空间。首先，对体检套餐的选择应当更全面，切莫以"能省则省"的思想为员工提供健康体检服务。其次，除了身体健康的检测，组织还应当加强员工心理健康辅导，特别是提供可供员工交流心理问题的渠道。员工心理健康管理可参考美国企业的做法，即与第三方专业公司合作，这样不仅有利于系统化的管理，还能避免员工碍于"面子"而排斥和公司内部人员交流心理问题。可以看出，团队层面承担了具体的健康管理制度的执行，组织制定的相关策略能否得到有效实施很大程度上取决于团队层面的执行力度的强弱。进一步讲，团队层面除了对健康管理制度的执行，其领导者也将起到重要的作用。

二、健康促进型领导的激励功能

团队领导不仅是执行组织既定战略的关键角色，也起到了激励员工工作的重要作用。在员工健康管理方面，健康促进型领导（health-promoting leadership）是一种直接且重要的领导类型，本书具体到健康促进型领导以对团队层面的健康人力资本提升策略进行论述。健康促进型领导的提出源于20世纪80年代健康促进项目的兴起。所谓健康促进项目，即通过一系列连续的管理政策或离散的健康管理项目以提高员工的健康水平或工作场所的健康水平。在此背景下，塑造健康的工作场所氛围、提升员工的健康水平成了管理者的一项重要任务[1][2]。健康促进型领导通过寻找关键要素并进行健康干预，使工作场所的健康管理更有效能，如改善员工与组织不匹配这一影响健康的因素[3]。现有文献认为，领导可以通过实施合理的工作安排、适度的工作负荷等举措来提升员工的工作控制，建立科学的薪酬体系，开展健康交流，制定健康政策等健康管理行为和方式，影响工作场所中的健康因素，提升个体和组织的健康水平。

有学者指出，健康促进型领导包含四个维度：领导实践、组织态度和工作环境、专业发展机会以及工作场所质量[4]。健康促进型领导被定义为一种在行为上具有明显健康特征的领导方式，其目的在于改善员工的健康水平，相关的

① COTTON P, HART P M. Occupational wellbeing and performance: a review of organisational health research [J]. Australian psychologist, 2003, 38 (2), 118-127.

② SHAIN M, KRAMER D M. Health promotion in the workplace: framing the concept, reviewing the evidence [J]. Occupational and environmental and medicine, 2004, 61 (7): 643-648.

③ MASLACH C, LEITER M P. Early predictors of job burnout and engagement [J]. Journal of applied psychology, 2008, 93 (3): 498-512.

④ ANDERSON D, PLOTNIKOFF R C, RAINE K, et al. Development of measures of individual leadership for health promotion [J]. Leadership in health services, 2005, 18 (2): 1-12.

行为包括关注员工的健康、经常交流健康话题、实施健康促进计划等①。此外，有学者结合健康促进型领导本身的特征和所具备的功能对其进行了界定，他们访谈了来自不同工作场所、不同职位的员工，并重点了解这些员工在健康促进项目中的经历②。在此基础上，他们提炼了健康促进型领导的三个维度：健康促进活动、健康支持领导风格和塑造健康促进的工作场所。还有学者对健康促进型领导进行了更为详细的界定，认为健康促进型领导是指能够有效地对员工的健康进行管理，营造良好的健康促进工作环境，使得每个员工在这样的环境中可持续地发挥自身的价值和潜质，更为优化地进行人力资本的配置，为组织创造出更大的竞争优势的领导类型③。总之，健康促进型领导是具有敏锐的健康意识，能够影响员工健康工作环境的领导，其内涵可归纳为几个方面：健康知觉、低工作任务、工作控制、工作回报、健康交流、公平、健康价值观。

厘清健康促进型领导的内涵是探讨健康促进型领导如何激励下属的前提，以上的内容从健康促进型领导概念本身进行了回顾，下面我们将进一步从其结构进行阐述。本书在第二章论证了健康既是一种状态也是一种资源，根据资源保存理论对于资源的定义④，可以认为健康资源是指蕴含在人的躯体、心理以及社会中的一系列特质（身体禀赋、心理特征等）、能力（工作能力、心理资本等）和条件（社会资本、外在环境等），它是个体工作和生活的基础。进一步讲，健康资源的来源可以分为内部资源和外部资源。其中，内部资源主要是指来源于个体自身对健康的认知、健康的敏感性和行为习惯等方面的资源，体现了个体对自身健康状况的重视程度、敏感度和维护投入；外部资源是指来源于团队、组织以及社会方面的管理、支持和影响。也就是说，从资源的角度来

---

① GURT J, SCHWENNEN C, ELKE G. Health-specific leadership: is there an association between leader consideration for the health of employees and their strain and well-being [J]. Work & Stress, 2011, 25 (2): 108-127.

② ERIKSSON A, AXELSSON R, AXELSSON S. Health promoting leadership—different views of the concept [J]. Care work, 2011, 40: 75-84.

③ FRANKE F, FELFE J, PUNDT A. The impact of health-oriented leadership on follower health: development and test of a new instrument measuring health-promoting leadership [J]. Zeitschrift für personalforschung, 2014, 28 (1-2): 139-161.

④ HOBFOLL S E. Conservation of resources: a new attempt at conceptualizing stress [J]. American psychologist, 1989, 44 (3): 513-524.

看，健康促进型领导可以分为对下属的健康干预和对自我的健康管理两个维度：前者属于外部资源范畴，是指健康促进型领导对其下属健康状况的干预和影响，它包括在工作场所宣传自己的健康理念、改善工作场所的物质环境和工作氛围、积极推动健康促进计划等；后者属于内部资源范畴，是指领导对自身健康的关注和维护，它包括树立科学的健康观念、对自身和外部健康要素的敏锐察觉、形成健康的工作生活习惯等，以此潜移默化地影响下属的健康状况。

健康促进型领导对下属和自我的健康管理包含三个方面，即观念、知觉和行为。首先，健康观念是指个体对健康的总体看法和重视程度。其中，领导的健康观念体现了领导对自己健康状况的态度，如领导在工作中树立健康工作的理念、对健康促进计划的接受与重视、积极学习健康知识等；领导关心员工的健康体现了领导对员工健康思维和理念的重视与影响，如领导通过对自己健康理念的宣传影响员工的健康观念、通过开办讲座帮助员工树立健康意识、营造健康主题的工作环境等。其次，健康知觉是指个体为了给自己所处的健康环境赋予意义而组织和解释他们感觉印象的过程。其中，领导的健康知觉是指领导对自身健康状况及其变化的感知和自我评价，如领导对自身健康状况的敏锐察觉、对自己工作中不健康因素的识别与预防等；员工的健康知觉是指领导对下属健康状态和健康风险的识别与敏感程度，如对下属健康状况的持续关注、对工作中压力水平的控制、对工作场所潜在健康风险的识别和预防等。最后，健康行为是指个体对于维护和提升自身的健康水平所实施的实践活动。其中，领导的健康行为是指领导对维护和提升自身的健康水平所实施的实践活动，如培养良好的工作习惯、坚持锻炼、健康饮食等；领导对员工的健康行为是指领导为了避免下属健康遭受损失或者为了提升其健康水平而制定的健康政策或采取的管理行为，包括减轻工作压力、科学设计工作流程、改善工作环境、开展健康宣传和组织健康活动等。综合以上对健康促进型领导的梳理，本书总结了其结构框架，如图6-2所示。

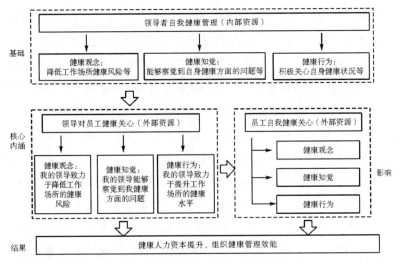

图6-2 健康促进型领导作用结构框架

总而言之，作为组织健康制度的执行者和员工健康管理的激励者，健康促进型领导在组织整体的健康管理中发挥了重要的作用，是提高健康人力资本的重要因素之一。健康促进型领导对员工健康人力资本的促进过程可以概括为两方面：一是通过直接对下属的健康水平进行干预而提高员工的健康人力资本；二是通过对自我健康进行管理而为员工树立健康榜样从而激发员工的健康管理。

三、营造健康工作氛围

需要特别强调的是，科学的健康管理不只是针对员工这一行为主体，还包含打造健康的办公环境，为员工提供舒适的物理空间。特别是随着物质生活条件的不断提高，企业员工越来越重视非物质层面的吸引力，如健康的工作环境①。通俗点说，建立健康的工作环境就是要杜绝那些可能造成身心健康受损的物理环境。本书列举四个典型的工作环境内容：第一，微小气候。由于办公室通常是一个封闭式的环境，其内部也有特定的空气、气流、气温等，特别是对于一些生产车间而言，微小气候更是明显。关于对微小气候的反映也在深度

---

① 翁清雄，吴松.组织吸引力的影响因素元分析：基于过去25年研究的回顾 [J].预测，2015，34（1）：29-34.

访谈中被受访者多次提及。良好的微小气候可以促使员工保持活力、减缓疲劳等。第二，噪声。在噪声环境里，员工的注意力会下降，可能导致焦虑烦躁、反应迟钝等现象，由此带来的直接弊端就是工作绩效受到影响。这需要在管理中明确禁止在办公室内高声喧哗。第三，辐射。对于长期在电脑前工作的员工（如程序员等）而言，他们长期遭受辐射困扰，且由此导致的病症大多是不可逆的，如脱发等，而那些处于高辐射环境中的生产类员工则面临更为严峻的考验。第四，符合人体工程学的物理设施。简单来说，人体工程学强调人和机械的交互，并认为合适的交互是提高效率的因素，如舒适的桌椅、距离合适的电脑摆放等。的确，让人感到不舒服的桌椅可能导致其腰椎和颈椎出现问题，特别是在工作需要久坐的情况下。近年来，越来越多的团队开展健身操活动，即利用休息时间鼓励员工进行简单的身体活动。虽然可能只有短短的 10 分钟，但健身操却有利于改善人的精神、身体状况，使员工更具有活力投入后续的工作中。最后，需要强调的是，不同的工作类型会面临不同的工作环境，管理者应当根据具体的情况打造有利于员工健康的工作环境。

第三节　员工层面的自我健康管理

一、建立员工自我健康管理的意识

与健康促进型领导的结构一致，员工的自我健康管理也包括观念、知觉和行为三个方面。本书将自我健康管理的观念和知觉作为自我健康管理意识的建立阶段。具体而言，健康观念是指个体对自身的健康状态以及组织中与健康相关的知识、行为、环境等因素的态度和判断，可分为积极和消极两个方面。个体对周围事物所持的态度和观念，是基于其过往经历或对未来的预期所形成的。因此，员工的自我关心观念是员工对过去自身在组织中进行健康行为或健康交流而产生的结果的反映。如果在其过往经历中组织支持其自我健康观念，并对其行为持鼓励态度，则员工会更倾向于积极的健康观念，注重对组织环境中健康因素的吸纳和传播；反之，如果在其过往经历中，健康观念遭到组织的排斥或漠视，则其更倾向于消极的健康观念。同时，员工对组织的预期也会影响其健康观念，如果组织通过海报宣传、知识讲座、领导支持等方式让员工感知到未来企业会对员工健康进行促进管理，则员工会选择积极的健康观念，增强自身的健康关心意识。此外，员工的健康观念还会受到组织环境中其他因素的影响，如个体特质、办公条件、健康氛围、规章制度等。员工的健康观念与自身的特质是分不开的，如果员工个体拥有较强的自我健康关心意识，时刻注意自身健康状况的变化，则会不断强化自身的健康自我效能感，从而进一步强化自身的健康观念。此外，如果组织为员工提供的办公设施有利于促进员工健康工作，工作场所中有充足的活动空间和健身设施，以及崇尚健康的组织氛围、科学的膳食政策和禁烟政策等，这些都可以从客观上帮助员工树立积极的自我健康关心观念。

健康知觉即个体反思、关怀自身健康情况时的具体感知，其受到多种因素的影响，主要包括对个体有重要意义的群体想法以及组织的鼓励或阻拦等因素，它是一种个体自己的判断，同时还反映了个体受影响的程度，包含规范强度和听从程度两个主要方面。对个体有作用的群体不仅只是亲人友人、主管同事等，他们会给个体带来正面或者负面的作用，还包含了组织的一部分规章制度等，如组织劳动合同中对于员工体检方面的规定、社会正面的导向等，这些都会对员工愈加重视自身健康起到积极向上的良好作用。健康知觉中还有一项主要内容为个体受影响的程度。当员工体会到身边人或者社会氛围等带来的阻力而选择对抗时，那么员工的健康行为就不太会产生。健康知觉还取决于个体开展关心自身健康行为时的困难程度，它是员工在开展行为时推动或阻滞的感受，分为控制强度和控制力。比如，当员工感觉到禁止吸烟、长时间进行体育锻炼是很难办到的事情时，那么将之进行下去就会变得困难重重。

二、加强员工自我健康管理的行为

员工自我健康管理的具体实施主要是自我健康管理的行为表现，表示为提升的健康人力资本水平而进行的各种活动。个体的行为受到动机的影响。动机是个体对其所希望从事活动的意愿和可行性的预期，它又受到健康观念和健康知觉的影响。当个体拥有较强的信念，希望通过各种方式提升自身的健康人力资本水平时，则会激发积极的自我健康关心行为，在行为过程中更加坚定，自我效能感更强；反之，个体对于自身的健康关心信念较弱，其可能会较少地采取促进自身健康的行为和措施，或其行为缺乏持久性。同时，健康知觉对健康行为的即时性提出要求。如果员工对自身健康状况拥有很强的敏感性，则会在短时间内采取健康行为，避免自身健康受到威胁或抓住机会提升自身的健康人力资本水平；反之，如果员工对自身的健康缺乏敏感性，其立即采取健康行为的可能性会变小，而其行动也会变得迟缓。需要指出的是，自我健康管理的测量已经有成熟的工具，与前文论述的理论结构一致，该量表从健康观念、健康知觉和健康行为三个方面进行了设计。

在具体实施自我健康管理的过程中，员工也可以根据健康人力资本的内涵进行行动。具体而言，员工需要重视机体功能方面的健康人力资本的培养。"身体是革命的本钱"，员工应当提高这方面的健康人力资本，常见的是采取健身、户外运动等方式。本书在深度访谈中还发现，良好的作息规律和饮食习惯是影响机体功能的重要因素。因此，员工还应当培养良好的生活和饮食习惯，特别是对年轻员工而言，杜绝暴饮暴食、嗜睡、熬夜等不良习惯的养成。此外，心理品质方面的健康人力资本也是需要重点关注的。在这个高节奏的职场环境中，患有心理问题的员工不在少数，轻则影响工作体验和工作绩效，重则可能导致不可预估的令人痛心的事件出现。研究团队在走访中发现，焦虑、紧张、抑郁等现象非常普遍，而造成这些现象的一个原因是外界客观压力越来越大。从学界的定义来看，压力是指当人们去适应由周围环境引起的刺激时，人们的身体或者精神上的生理反应，它可能对人们的心理健康状况和生理健康状况产生积极或者消极的影响。因员工压力过大造成的员工经常性的旷工、心不在焉、创造力下降而导致的企业生产力损失是巨大的。的确，客观压力在逐渐增大，特别是对青年员工而言，要承担的责任和经济压力越来越大，但员工也应当找到适合的应对方式。员工应当认识到，缓解压力主要包含两方面的内容：一是针对压力源造成的问题本身去处理；二是处理压力所造成的反应，如情绪和行为等，从而有针对性地进行健康管理。

三、平衡员工工作与家庭的关系

工作和家庭都是个体生命中不可或缺的部分，两者虽然在空间上通常是独立的，但是彼此间存在诸多溢出效应。工作和家庭关系的平衡主要涉及两方面的内容：第一，工作或家庭中的情绪体验。工作中的负面情绪可能会带回家庭，而家庭中的负面情绪也可能会传递到工作中。因此，人们需要做到工作中的不开心不要带回家，避免对家人造成伤害，而来自家庭中的一些不愉快也要避免带到工作中，以防对同事产生无端的影响。的确，虽然人们常说"家庭是家庭，工作是工作"，即使两者在空间上是隔断的，但个人的情绪却是连通的。第二，对工作和家庭的投入。"顾家"一词在一定程度上反映了人们对工作与家庭的投入分配问题的看法。近年来，随着市场环境的变化，员工承受了越来越大的工作压力，为了实现持续的高绩效和收入，不得不加大对工作的投入力度，直接导致的后果就是对家庭的投入力度减小。总而言之，工作和家庭角色之间的冲突会降低员工对工作和家庭生活质量的认知，进而导致生产力低下、缺勤和人员流动，因此员工应当主动地平衡好工作和家庭中的情绪和投入。

第七章 讨论与展望

在健康人力资本概念内涵和结构维度的探索中，本书通过文献梳理和对深度访谈资料进行编码，获得了健康人力资本的建构意义，以及潜在的结构维度；在健康人力资本测量体系和量表开发的研究中，采用经典的量表开发程序，开发了一个由 31 个条目构成的自评式健康人力资本测量量表，为在组织管理中研究健康人力资本提供了工具支持。在实证研究部分，数据分析的检验结果表明本书的大部分理论假设成立，说明了理论模型的合理性，进而对健康人力资本的作用效果提供了有力支持。此外，根据组织层级的划分，本书还对健康人力资本提升策略进行了分析。在此基础上，本章将讨论研究的理论贡献和实践启示，并审视本书的局限性，以提出有待进一步研究的问题，引发课题组成员以及相关学者对后续研究进行深入思考。

第一节 理论贡献

本书主要有以下四个方面的理论贡献：

一是从组织管理视角探索人力资本构成中的健康成分，丰富了人力资本理论的内容。长期以来，教育人力资本的研究远远多于健康人力资本，其原因一方面可能是人们对健康这种内隐、收益慢的资本的重视程度不够；另一方面可能是健康数据难以获取和统计测度困难[1][2]。这种仅聚焦于教育人力资本而忽

---

① BECKER G S. Health as human capital：synthesis and extensions [J]. Oxford economic papers，2007，59（3）：379-410.

② 吕娜. 健康人力资本与经济增长研究文献综述 [J]. 经济评论，2009（6）：143-152.

视健康人力资本的情况可能造成一个问题：低估了人力资本对经济发展的影响，而高估了教育人力资本的作用①。近年来，学者们陆续将教育人力资本研究和健康人力资本研究整合到一起，因为相关的理论推断健康人力资本还能够促进教育人力资本的收益，两者不可分割②③④。但也正是因为这样，健康人力资本本身的内涵、特征和功效还少有被专门研究。作为人力资本的重要组织成分，健康人力资本研究的匮乏阻碍了人们对人力资本全面的了解。本书以健康人力资本为研究主题，弥补了当前的研究空白。

不仅如此，本书还从组织管理的视角对健康人力资本的研究进行了拓展。健康人力资本的研究多集中于经济学领域，这一方面是因为它本身是源于经济学领域的构念，另一方面也因为健康人力资本对个人收入和经济发展具有潜在的促进作用这一推论不断得到验证，大大激发了学者们对健康人力资本的研究兴趣。健康对经济的推动表现在多个方面，如有学者发现，良好的健康状况会刺激生产力的提高，从而刺激国民经济的增长⑤；还有学者指出，健康的劳动力更有可能创造和采用新技术，这也能促进经济的增长⑥。更为宏观地看，健康的人有更长的预期寿命，这是通过加速人口过渡来刺激增长的，健康的人因此有更大的动机投资于培训和获得改进的技能⑦。在组织管理中，虽然人力资本的研究取得了丰硕成果，但尚未有研究对健康人力资本进行系统性的考察。学者们提出将人力资本思想融入健康管理中，本书对这些提法进行了深化，同时也丰富了组织管理中的人力资本理论。

二是通过质性与定量并举的方法提炼了健康人力资本的内涵和结构，解决了健康人力资本研究的基础性问题。究竟什么是健康人力资本，这是必须要先

---

① 杨建芳，龚六堂，张庆华. 人力资本形成及其对经济增长的影响：一个包含教育和健康投入的内生增长模型及其检验 [J]. 管理世界，2006（5）：10-18.

② 王弟海. 健康人力资本、经济增长和贫困陷阱 [J]. 经济研究，2012，47（6）：143-155.

③ 许岩，曾国平，曹跃群. 教育人力资本、健康人力资本、总量人力资本对经济增长机制的实证检验 [J]. 统计与决策，2018（7）：109-113.

④ 徐祖辉，谭远发. 健康人力资本、教育人力资本与经济增长 [J]. 贵州财经大学学报，2014（6）：21-28.

⑤ BLOOM D E, CANNING D, SEVILLA J. The effect of health on economic growth：a production function approach [J]. World development，2004，32（1）：1-13.

⑥ OGUNDARI K, ABDULAI A. Determinants of education and healthcare spending in Nigeria：evidence from survey data [J]. African development review，2014，26（1）：1-14.

⑦ THOMAS D, FRANKENBERG E. Health, nutrition, and productivity：a microeconomic perspective [J]. Bulletin of the world health organization，2002，80（2）：106-113.

解决的问题。健康是一种生活目标，是一种重要的可行能力和个体发展的最终目标之一，它具有内在价值；同时，健康影响了个体的经济行为，对个体发展的其他各方面都有着不同程度的工具性价值。健康也是一种能力，这种观点认为健康代表是否具备相应的生理、心理和社会能力以践行社会共同体赋予个体的社会义务并从中确立和实现自身的价值，那些即使有腰椎病、抑郁等健康问题的"患者"，只要能够像正常人一样生活就是健康的。从经济学的观点来看，健康是一种产品，这种产品的数量表现在人生某个时点上的健康状况便称为健康存量（stock of health），而一个人从健康这种耐用产品中得到的效用将随着健康存量的增多而增加①。健康人力资本不等于一般健康，但关于健康人力资本的内涵和结构目前尚不清晰，特别是在组织管理研究中更为匮乏。

本书根据质性研究的思路，深度访谈了 45 名具有代表性的受访者，包含大学教师、医生、普通工人等，并对访谈资料的文本进行了编码分析，在结合文献分析的基础上提炼出健康人力资本的内涵和结构。现有理论研究对健康的结构还存在争议，即道德健康应不应该作为健康的维度之一。本书对这一理论争议进行了辨析，并发现道德健康不是健康的维度，但却也是隶属于心理品质和职业适应性两个维度的内容。由于经济学领域不讨论健康人力资本的结构，而是采取指标构建的方法从投入或产出的视角进行测量，组织管理中又很少涉及健康人力资本研究，这导致了对健康人力资本结构的了解还较为匮乏，本书对此做出了重要的贡献。

三是完善了健康人力资本测量体系，开发了健康人力资本测量量表。健康人力资本的测量是开展健康人力资本研究的核心问题，但它也是难点。正如上文所说，经济学领域对健康人力资本的测量常采用投入—产出法、指标法等，忽视了健康人力资本本身的变化。当然，这种测量本身是具有一定科学性的，并在人力资本的研究中也广泛采用②。然而，一个突出的问题是，经济学领域的测量方法无法引用到组织管理中，如投入视角中的营养摄入指标，产出视角中的孕妇死亡率等。现有研究中，组织管理研究对人力资本的测量几乎没有包含健康这一成分，而是以教育类人力资本完全代替了人力资本。近年来，有学

① GROSSMAN M. On the concept of health capital and the demand for health [J]. Journal of political economy, 1972, 80 (2): 223-255.

② 刘俐妤. 人力资本测量方法文献综述 [J]. 经济研究导刊, 2013 (12): 118-121.

者意识到人力资本的测量应该包括健康因素，但他们的文献中并未提及如何加入，理论上也并未进行讨论①。本书对健康人力资本的测量进行了科学的研究，在经典量表开发程序的指引下，参考了众多实例，完善了健康人力资本测量体系，开发了员工自评的健康人力资本测量量表，丰富了健康人力资本的测量研究。

四是分析了健康人力资本的有效性，并提出了健康人力资本的提升策略。健康人力资本有什么作用？组织管理研究对这一问题的讨论还缺乏相关的理论基础。本书采用自我决定理论进行了理论推演和验证，将健康人力资本和工作绩效与工作幸福感联系起来，并证实了它们之间的正向促进作用。在传统观念的分析中，层次需求理论、成就需求理论等将个体的心理需求解读为一种有目的的欲望，并提出需求类型、需求强度等是因人而异的。与之不同的是，自我决定理论对基本心理需求的论述认为，在每个人内心深处自始至终都存在着一些对于个体心理成长必不可少的需求，这些需求与生俱来，是个体成长的心理"营养物"，只有这些需求得以满足，个体的心理才能健康成长②③。作为组织管理、应用心理学等研究中的一个重要理论，自我决定理论具有强有力的解释力，本书基于自我决定理论构建了健康人力资本产出模型，将自我决定理论和健康人力资本的文献联系起来，科学地解释了健康人力资本的功效。

本书还考察了健康人力资本效果的边界条件，即工作强化。以往针对健康人力资本的研究很少涉及边界问题，但对边界条件的讨论是非常重要的，也是非常必要的。这是因为边界条件的探索有助于加强对健康人力资本什么时候能够更好地发挥功效、什么时候功效被抑制等问题的理解。如此可见，作为和健康、幸福感、工作绩效等密切相关的构念，工作强化也得以纳入健康人力资本产出的框架中，为工作强化和健康人力资本的关系提供了参考，进一步完善了健康人力资本的研究。此外，本书还考察了健康人力资本各个维度的功能，也确实发现了一些不一样的地方，如职业适应性并不会对工作幸福感产生显著的

① 熊正德，姚柱，张艳艳.人力资本、社会资本和心理资本对新生代知识型员工创新绩效影响研究：基于工作满意度的中介和工作特征的调节 [J]．湖南大学学报（社会科学版），2018，32（6）：79-87.

② DECI E L, RYAN R M. Intrinsic motivation and self-determination in human behavior [M]. New York：Plenum, 1985.

③ RYAN R M, DECI E L. Self-determination theory and the facilitation of intrinsic motivation, social development, and well-being [J]. American psychologist, 2000, 55 (1)：68-78.

正向影响。这种更为具体的讨论也深化了健康人力资本的研究。

第二节　管理实践启示

本书从以下四个方面为管理实践带来启示：

一是合理进行工作设计，精准"施压"和"释压"，减少工作强化的负面影响。工作强化虽然在某种程度上被认为是促使员工努力并完成任务的手段，但其潜在的负面效果不能忽视，特别是对员工身心健康方面的影响。本书提出并证实了工作强化会抑制健康人力资本的功效，基于这种考虑，管理者不应当一味地强化工作，而是应当采取柔性的管理方式。具体而言，回到工作强化的内涵，它包含延长工作时间和增加工作强度，管理者可以从这两个方面把握好工作强化的程度。

首先，根据办公地点的区别，企业通常采取两种方式延长工作时间：一是工作场所内的直接加班活动，它通常来自上级的明确安排；二是非工作场所内的隐性加班，或是被称为工作连通行为，即员工在非工作时间、非工作场所通过通信设备参与工作并同时承担工作或生活多重角色的行为[1]。由于任务的重要性、难易度等不同，延长工作时间或许是难免的，但过多的延长工作时间就会造成员工情绪耗竭、工作家庭冲突等消极后果，特别是第二种非工作场所内的隐性加班[2][3]。因此，管理者要把握好工作时间延长的度，切勿只考虑工作安排而忽视了员工的感受。管理者还可以采取精神感召、切实关心员工等方式保持员工工作活力，强化员工自主动机，以减少因长时间工作带来的负面影响。

其次，工作强度提升也是工作强化的重要方式，表现为在规定时间内，通过高要求和高压力的途径，加快员工工作节奏以保证任务完成。从某种意义上

---

① 袁硕，唐贵瑶.工作连通行为研究述评与展望［J］.外国经济与管理，2018，40（9）：112-125.

② 金家飞，刘崇瑞，李文勇，等.工作时间与工作家庭冲突：基于性别差异的研究［J］.科研管理，2014，35（8）：44-50.

③ 吴伟炯.工作时间对职业幸福感的影响：基于三种典型职业的实证分析［J］.中国工业经济，2016（3）：130-145.

说，施压可能是有效的，然而，长时间处于工作压力状态的员工容易体验到焦虑、不安、烦恼和愤怒等情绪，从而更可能对其工作不满，降低了自身的工作绩效①②。因此，管理者要合理地为员工释放压力，采取更为人性化的管理方式。以上的相关建议旨在促使管理者降低工作强化的程度，但不可否认的是，这或许也降低了工作产出，因此为了保证任务完成和目标实现，本书认为管理者应当从工作设计本身入手。无论是基于组织架构的职务管理体系，还是基于职务体系的员工能力管理体系，都离不开合理的工作设计。管理者还应当优化工作设计，减少不必要的程序，删除冗余的流程，提高单位时间内的工作效率。

二是采用科学的测量工具了解员工的健康人力资本状况，并形成整个组织的测量体系。"健康"从一定程度上讲是一个主观的词汇，人们经常提到的"健康"都包含了自身对健康的主观评价。对管理者而言，如何判断某员工各方面是否健康一直是一个难题，如我们很难说一个患有高血压的员工就是不健康的。根据本书的结论，管理者可以采用机体功能、心理品质和职业适应性三个维度相结合的方式，以员工自评为基础，科学地了解员工的健康人力资本。只有了解清楚组织内成员健康人力资本的水平，才能更有针对性地去进行相应的制度设计。

三是提高健康人力资本应该是一个系统性的工程，涉及组织、部门和个体三个层面。管理者在意识到健康人力资本的重要性，并了解了健康人力资本的测量方法的基础上，一个关键的问题是如何提高员工的健康人力资本。在过往的管理实践中，多数企业对员工健康人力资本的投资或服务仅限于常规的体检。事实上，组织层面的健康制度往往是不具有针对性的，很难做到对每个员工健康人力资本状况进行了解。本书不仅论述了组织层面顶层设计的重要性，还强调了部门层面的健康促进型领导的功能，以及个人层面主动的健康自我管理等。

四是在管理实践中，提高工作绩效和工作幸福感的方法或许数不胜数，从组织层面的架构、文化到部门层面的领导行为、团队氛围，再到个体层面的认

---

① NG T W H, FELDMAN D C. Employee voice behavior: a meta-analytic test of the conservation of resources framework [J]. Journal of organizational behavior, 2012, 33 (2): 216-234.

② 王红丽，张筌钧. 被信任的代价：员工感知上级信任、角色负荷、工作压力与情绪耗竭的影响关系研究 [J]. 管理世界，2016 (8): 110-125.

知和情感等，都可能影响工作绩效和工作幸福感。然而，管理者基于员工健康角度的思考还比较少，这不仅是因为其对员工健康的重要性认识不够，还因为缺乏科学的指引。就工作绩效而言，大多数管理者会开展在职培训、鼓励学习等与知识、能力和技能有关的措施。这当然无可厚非，因为教育类人力资本对工作绩效有直接促进的作用。但正如本书所指出的，教育类人力资本的投资收益取决于健康人力资本的水平，因为健康人力资本高的员工往往拥有更稳定的出勤率、更高的认知能力和更充沛的精力等。不仅如此，本书还发现，健康人力资本以及其所包含的机体功能、心理品质和职业适应性三个维度也对工作绩效具有促进作用。因此，本书建议管理者在制定工作绩效提升策略时从员工健康人力资本的角度进行思考。

相较于工作绩效，工作幸福感受到管理者相对较少的关注，这是因为工作绩效是工作产出的直接表现，而工作幸福感的意义主要是指员工的工作体验良好，间接地促进产出。事实上，提升员工工作幸福感还是企业社会责任的体验，是构建和谐组织的基石。随着相关理论研究的完善和管理实践的要求，一些大型企业开展专门的员工幸福感管理，如谷歌、微软等。从管理实践经验来看，薪酬福利、劳动保护、后勤服务、管理方式、工作安排、培训发展、工作成就等是员工提升工作幸福感的关键因素，健康没有受到重点关注。本书发现了员工健康人力资本对工作幸福感的促进作用，特别是在如今快节奏、高压力的职场中，健康人力资本对工作幸福感的作用越来越明显。因此，本书建议管理者在进行员工工作幸福感管理时将健康纳入其中。

总之，提升企业员工健康人力资本水平也是"健康中国"建设的重要内容。"健康中国"是一个宏伟的奋斗目标，包括营造健康环境、建设健康社会、培育健康人群、发展健康产业。同时，"健康中国"也是一面旗帜，凝聚着政府、社会和全体国民的共同理想。进入职场工作是大部分人一生中必经的阶段，而工作场所的特殊性对个体的健康产生了一些独特的影响。本书从组织管理的视角对健康人力资本进行了系统性研究，有助于"健康中国"相关政策科学落地。

第三节　研究局限和未来展望

一是健康人力资本概念内涵的再拓展。

人力资本已经在众多文献中被证实可以从组织层面进行概念化，即被视为专门服务于组织战略发展的人力资本，对组织绩效产生了直接且深远的影响，此时的人力资本也被称为组织化的人力资本①②③。由此，可以引申出一个问题，即员工的健康人力资本具备和组织战略相匹配的专用性功能吗？为了回答该问题，我们需要对健康人力资本的概念内涵进行拓展。然而，本书将健康人力资本视为员工个体的身心状态，还未融入组织战略的思想。在一项关于工匠精神的资本化机制的研究中，学者们基于组织化的人力资本建立了分析框架，指出知识、技能、能力和其他特征是工匠精神的核心内涵，是工匠精神资本化的支撑④。该研究充分说明了个体人力资本演化为组织人力资本资源的重要性，暗示了将两者进行结合的重要意义。然而，相关研究都很少涉及人力资本中的健康成分，导致人们对个体健康状态如何演化为组织层面的人力资本资源还缺乏了解⑤。本书证实了健康人力资本的经济价值，下一步我们可以在组织人力资本资源的框架下进行更深入的研究。

二是丰富健康人力资本的研究层次。

本书关注员工的健康人力资本，是定位于员工个体层面的研究。因此，本书无法回答"企业对健康人力资本到底投资多少才是合适的""健康人力资本的投入产出比是多少""健康人力资本和教育人力资本的最佳投资比例是什

---

①　CROOK T R, TODD S Y, COMBS J G, et al. Does human capital matter? A meta-analysis of the relationship between human capital and firm performance [J]. Journal of applied psychology, 2011, 96 (3): 443-456.

②　PLOYHART R E, NYBERG A J, REILY G, et al. Human capital is dead: long live human capital resources [J]. Journal of management, 2014, 40 (2): 371-398.

③　李新建，李懿，魏海波. 组织化人力资本研究探析与展望：基于战略管理的视角 [J]. 外国经济与管理, 2017, 39 (1): 42-55.

④　郭会斌，郑展，单秋朵，等. 工匠精神的资本化机制：一个基于八家"百年老店"的多层次构型解释 [J]. 南开管理评论, 2018, 21 (2): 95-106.

⑤　田立法. 企业人力资本资源前沿研究述评与展望：基于分层面视角 [J]. 外国经济与管理, 2014, 36 (8): 33-44.

么"等一系列问题。事实上，以上问题的一个有效解决途径是将健康人力资本研究层次拓展到组织层面。首先，这是合理的，因为现有研究证实了将人力资本置于组织层面研究的合理性①②③。作为人力资本的一种重要成分，健康人力资本也应当可以在组织层面进行研究。其次，这是有效的，因为从组织层面研究健康人力资本可采用客观的指标构建测量体系，如企业的健康体检费用、员工医疗费用支出、员工缺勤天数等。若是还能集合本书的主观测量方法，相关结果将更具说服力。最后，将组织整体作为一个研究对象，可以更好地分析这个对象的投入、产出、最优比例等问题。

不可否认的是，本书对员工健康人力资本的研究很难准确反映企业整体的健康人力资本水平，这不仅是因为主观指标的测量聚合到企业层面的意义不大，更是因为员工的健康人力资本水平因人而异，以企业整体的指标反映个体各不相同的水平难免有所欠缺。为此，之后的研究我们可以进一步考虑从组织的层面进行分析，对健康人力资本的概念内涵、结构维度、测量体系和作用效果等进行再思考，以进一步丰富人力资本理论，促进企业健康管理效能。

三是多理论视角下的健康人力资本作用效果探索。

在质性研究和相关文献分析的基础上，本书基于自我决定理论构建了健康人力资本产出模型。自我决定理论是一种动机理论，它关注人们的行为在多大程度上是自愿和自我决定的。该理论首先假设了人是积极的个体，具有追求成长和发展的天然倾向，而个体内在的心理需要的满足与否是这种天然的自我动机能否发展的关键④。也就是说，这种理论视角将健康人力资本视为促进员工内化动机形成的重要因素，通过满足三种基本心理需求而实现工作绩效的提升和工作幸福感的提高。这与健康的自我价值是匹配的，作为一项探索性研究，自我决定理论的运用起到了重要的开创性价值。但从另一个角度来看，这也局

---

① CROOK T R, TODD S Y, COMBS J G, et al. Does human capital matter? A meta-analysis of the relationship between human capital and firm performance [J]. Journal of applied psychology, 2011, 96 (3): 443-456.

② PLOYHART R E, MOLITERNO T P. Emergence of the human capital resource: a multilevel model [J]. Academy of management review, 2011, 36 (1): 127-150.

③ PLOYHART R E, NYBERG A J, REILY G, et al. Human capital is dead: long live human capital resources [J]. Journal of management, 2014, 40 (2): 371-398.

④ DECI E L, RYAN R M. The "what" and "why" of goal pursuits: human needs and the self-determination of behavior [J]. Psychological inquiry, 2000, 11 (4): 227-268.

限了本书的研究视角，即完全从动机的观点考察健康人力资本的产出效果。事实上，很可能还存在其他的理论视角。

本书列举了一个潜在的理论视角：目的工作行为理论（the theory of purposeful work behavior），该理论将高阶内隐目标（high-order implicit goals）与人格五因素模型（five-factor model of personality）和扩展的工作特征模型（expanded job characteristics model）相结合，解释了个人特征和工作特征如何共同、交互地影响工作结果。其核心观点是某些个体特征会引发员工有目的工作追求，当这些激励力量和与工作特征相关的动机力量相协作时，个人会形成充满意义的心理状态，而体验到意义感又会触发特定任务的激励过程，并影响工作结果①。从该理论视角来看，健康人力资本作为一种因人而异的身心状态，促使人们想要去更好地完成工作，而当这种激励在特定的工作特征环境中，两者相互协作促使个体获得工作意义感，进而提高了工作产出。

四是基于工作特征的健康人力资本差异化效果检验。

健康人力资本不仅是因人而异的，还会在不同群体中表现出不同的特征和效应。例如，对于以体力工作为主的工厂一线操作工而言，机体功能可能发挥了更大的作用；对于知识密集度高的金融行业白领而言，心理品质和职业适应性的作用可能更为突出。因此，不同群体的健康人力资本很可能具有不同的效果。本书受研究者精力、时间等原因的限制，主要考察了一般意义上的健康人力资本的效应，而未对不同的群体展开针对性的研究。在接下来的研究中，我们可以考虑将工作特征视为划分依据，收集多种群体的数据，进行更为针对性的考察。

五是健康人力资本作用效果的深入探索。

本书对健康人力资本作用效果的关注集中在工作绩效和工作幸福感两方面，这不仅是因为工作绩效和工作幸福感是重要的员工产出，还因为这两者反映了企业价值追求和员工健康诉求的冲突。然而，本书在对健康人力资本的概念内涵、结构维度等进行探索的过程中发现，健康人力资本的作用效果很可能不只是工作绩效和工作幸福感。例如，在访谈中，不少员工提到当健康人力资

---

① BARRICK M R, MOUNT M K, LI N. The theory of purposeful work behavior: the role of personality, higher-order goals, and job characteristics [J]. Academy of management review, 2013, 38 (1): 132-153.

本高时，他们会倾向于将注意力放在一些流程优化、创造性的工作上，从而在工作中表现出更高的创新能力。此外，根据健康人力资本的结构维度，员工和组织的匹配程度很可能受到健康人力资本的影响，特别是对于一些在机体功能方面有要求的工作。总而言之，接下来我们还可以探索更多的健康人力资本的作用效果。

参考文献

常运立，杨放，陈化，等，2018. 道德健康与道德创伤系列讨论之一：道德健康与道德创伤概念辨析 [J]. 中国医学伦理学，31（3）：293-298.

陈笃升，王重鸣，2015. 组织变革背景下员工角色超载的影响作用：一个有调节的中介模型 [J]. 浙江大学学报（人文社会科学版），45（3）：143-157.

陈浩，2010. 卫生投入对中国健康人力资本及经济增长影响的结构分析 [J]. 中国人口科学（2）：92-100，112.

陈敏敏，陈清，冀亚琦，2008. 企业化健康管理的现状分析及发展策略 [J]. 中国卫生事业管理（8）：512-515.

陈薇静，杨俊，2010. 构建企业知识型员工个性化健康管理体系 [J]. 中国人力资源开发（9）：35-37，40.

陈晓萍，沈伟，2018. 组织与管理研究的实证方法 [M]. 3 版. 北京：北京大学出版社.

程承坪，2001. 对人力资本概念的新认识 [J]. 江西财经大学学报（5）：19-21.

程德俊，赵曙明，2006. 高参与工作系统与企业绩效：人力资本专用性和环境动态性的影响 [J]. 管理世界（3）：86-93，171.

程虹，2018. 管理提升了企业劳动生产率吗？：来自中国企业：劳动力匹配调查的经验证据 [J]. 管理世界，34（2）：80-92，187.

程惠芳，陆嘉俊，2014. 知识资本对工业企业全要素生产率影响的实证分析 [J]. 经济研究，49（5）：174-187.

邓力源，唐代盛，余驰晨，2018. 我国农村居民健康人力资本对其非农就业收入影响的实证研究 [J]. 人口学刊，40（1）：102-112.

董希望，王弟海，2014. 经济学中的"健康"：定义和度量：学科比较的视角 [J]. 福建论坛（人文社会科学版）（12）：19-26.

范晓倩，于斌，2019. 员工健康状况对亲组织行为的影响机制研究：社会认同视角 [J]. 学海（4）：197-206.

方亚，周蕾，2012. 收入与健康人力资本关系的理论与实证研究 [J]. 厦门大学学报（哲学社会科学版）（1）：118-124.

冯一丹，李爱梅，颜亮，等，2017. 工作时间压力对主观幸福感的倒 U 型影响：基本心理需求满足的中介作用 [J]. 中国人力资源开发（8）：25-35.

傅华，高俊岭，2013. 健康是一种状态，更是一种资源：对 WHO 有关健康概念的认识和解读 [J]. 中国健康教育，29（1）：3-4.

高素英，赵曙明，张艳丽，2012. 战略人力资本与企业竞争优势关系研究 [J]. 管理评论，24（5）：118-126.

郭会斌，郑展，单秋朵，等，2018. 工匠精神的资本化机制：一个基于八家"百年老店"的多层次构型解释 [J]. 南开管理评论，21（2）：95-106.

韩翼，杨百寅，2011. 真实型领导、心理资本与员工创新行为：领导成员交换的调节作用 [J]. 管理世界（12）：78-86.

韩优莉，2011. 健康概念的演变及对医药卫生体制改革的启示 [J]. 中国医学伦理学，24（1）：84-85.

何勤，王萌，2008. 企业员工健康管理现状分析及体系建立研究：从人力资本对企业可持续发展影响的视角 [J]. 商场现代化（33）：311-312.

贺小刚，朱丽娜，吕斐斐，2019. 创业者缘何退出：制度环境视角的研究 [J]. 南开管理评论，22（5）：101-116.

黄亮，2014. 中国企业员工工作幸福感的维度结构研究 [J]. 中央财经大学学报（10）：84-92，112.

黄奕祥，2011. 健康管理：概念界定与模型构建 [J]. 武汉大学学报（哲学社会科学版），64（6）：66-74.

纪建悦，张懿，任文菡，2019. 环境规制强度与经济增长：基于生产性资本和健康人力资本视角 [J]. 中国管理科学，27（8）：57-65.

贾旭东，衡量，2016. 基于"扎根精神"的中国本土管理理论构建范式初探 [J]. 管理学报，13（3）：336-346.

蒋萍，田成诗，尚红云，2008. 人口健康与中国长期经济增长关系的实证

研究 [J]. 中国人口科学 (5)：44-51，95-96.

金家飞，刘崇瑞，李文勇，等，2014. 工作时间与工作家庭冲突：基于性别差异的研究 [J]. 科研管理，35 (8)：44-50.

李爱梅，顾亮，王笑天，等. 时间压力的双刃效应及其作用机制 [J]. 心理科学进展，23 (9)：1627-1636.

李健，俞会新，2015. 企业人力资本投资对企业绩效的影响：一个文献综述 [J]. 中国人力资源开发 (13)：28-34.

李明霞，周志钦，2012. 论健康概念及其影响因素 [J]. 中国健康教育，28 (7)：573-575.

李新建，李懿，魏海波. 组织化人力资本研究探析与展望：基于战略管理的视角 [J]. 外国经济与管理，39 (1)：42-55.

林勋亮，2012. 顾客导向的高速公路服务质量测量体系探索性研究 [J]. 管理评论，24 (8)：135-144.

林忠，郑世林，夏福斌，等，2016. 组织变革中工作压力的形成机理：基于国有企业样本的实证研究 [J]. 中国软科学，303 (3)：84-95.

刘柏，郭书妍，2017. 董事会人力资本及其异质性与公司绩效 [J]. 管理科学，30 (3)：23-34.

刘程军，蒋天颖，华明浩，2015. 智力资本与企业创新关系的 META 分析 [J]. 科研管理，36 (1)：72-80.

刘国恩，DOW W H，傅正泓，等，2004. 中国的健康人力资本与收入增长 [J]. 经济学 (季刊) (4)：101-118.

刘海燕，闫荣双，郭德俊，2003. 认知动机理论的新近展：自我决定论 [J]. 心理科学，26 (6)：1115-1116.

刘红委，2013. 美国密苏里大学员工健康管理及经验启示 [J]. 中国学校卫生，34 (6)：728-730.

刘俊升，林丽玲，吕媛，等，2013. 基本心理需求量表中文版的信、效度初步检验 [J]. 中国心理卫生杂志，27 (10)：791-795.

刘俐妤，2013. 人力资本测量方法文献综述 [J]. 经济研究导刊 (12)：118-121.

刘善仕，孙博，葛淳棉，等，2017. 人力资本社会网络与企业创新：基于在线简历数据的实证研究 [J]. 管理世界 (7)：88-98.

刘叶云，朱洪慧，2013. 我国高新技术企业人力资本投入对 EVA 的贡献研究［J］. 科研管理，34（S1）：95-105.

柳之啸，李其槐，甘怡群，等，2014. 健康态度与健康行为的一致性：一个有调节的中介模型［J］. 中国心理卫生杂志，28（8）：586-591.

陆五一，周铮毅，2014. 儿童营养状况与健康人力资本形成［J］. 人口与发展，20（6）：90-96.

逯进，周惠民，2012. 人力资本理论：回顾、争议与评述［J］. 西北人口，33（5）：46-52.

路遥，陈晓，朱炫屹，等，2020. 公共环境下的个体成长：多维科学文化水平测量体系构建与分析［J］. 技术经济，39（1）：161-167.

栾斌，杨俊，2015. 农村居民收入、健康支付结构与农村健康人力资本：中国省份面板数据的证据［J］. 农业技术经济（2）：76-84.

罗进辉，李雪，黄泽悦，2016. 关键高管的人力资本价值评估：基于关键高管突然去世事件的经验研究［J］. 中国工业经济（5）：127-143.

罗凯，2006. 健康人力资本与经济增长：中国分省数据证据［J］. 经济科学（4）：83-93.

吕娜，2009. 健康人力资本与经济增长研究文献综述［J］. 经济评论（6）：143-152.

毛振华，王健，毛宗福，等，2020. 加快发展中国特色的健康经济学［J］. 管理世界，36（2）：17-26.

倪红梅，何裕民，吴艳萍，等，2014. 中西方健康概念演变史的探析及启示［J］. 南京中医药大学学报（社会科学版），15（2）：79-83.

潘煜，高丽，张星，等，2014. 中国文化背景下的消费者价值观研究：量表开发与比较［J］. 管理世界（4）：90-106.

饶勋乾，成艾华，2007. 健康人力资本的区域差异比较［J］. 重庆工学院学报（社会科学版）（9）：64-68.

沈晨光，2017a. 人力资本理论与员工健康管理问题探讨［J］. 商业经济研究（22）：112-113.

沈晨光，2017b. 员工健康管理问题研究的文献述评［J］. 商业经济研究（24）：128-129.

石建忠，2019. 过度劳动理论与实践：国外经验、中国现状和研究展望

［J］. 人口与经济（2）：105-118.

苏静静，张大庆，2016. 世界卫生组织健康定义的历史源流探究［J］. 中国科技史杂志，37（4）：485-496.

孙晓娥，2012. 深度访谈研究方法的实证论析［J］. 西安交通大学学报（社会科学版），32（3）：101-106.

唐贵瑶，于冰洁，陈梦媛，等，2016. 基于人力资源管理强度中介作用的组织沟通与员工创新行为研究［J］. 管理学报，13（1）：76-84.

田广，刘瑜，汪一帆，2015. 质性研究与管理学科建设：基于工商人类学的思考［J］. 管理学报，12（1）：1-10.

田慧荣，张剑，陈春晓，2017. 领导反馈环境对员工离职倾向的影响：以职业适应能力为中介［J］. 中国人力资源开发（4）：32-38.

田立法，2014. 企业人力资本资源前沿研究述评与展望：基于分层面视角［J］. 外国经济与管理，36（8）：33-44.

屠兴勇，杨百寅，张琪，2016. 学习目标取向、共享意愿与员工创造力：机理与路径［J］. 科学学与科学技术管理，37（2）：161-171.

万萍，李红艳，2018. 健康人力资本研究：文献综述与对策建议［J］. 经济研究导刊（23）：61-62.

汪泓，张健明，吴忠，等，2017. 健康人力资本指标体系研究［J］. 上海管理科学，39（4）：30-34.

王宝，张明立，李国峰，2010. 顾客价值测量体系研究［J］. 中国软科学（2）：142-152.

王博，俞海杰，2019. 马克思主义劳动观念视角下的"996"现象分析：兼论新时代劳动与发展的关系［J］. 未来与发展，43（7）：7-11.

王弟海，2012. 健康人力资本、经济增长和贫困陷阱［J］. 经济研究，47（6）：143-155.

王弟海，龚六堂，李宏毅，2008. 健康人力资本、健康投资和经济增长：以中国跨省数据为例［J］. 管理世界（3）：27-39.

王弟海，龚六堂，邹恒甫，2010. 物质资本积累和健康人力资本投资：两部门经济模型［J］. 中国工业经济（5）：16-26.

王弟海，黄亮，李宏毅，2016. 健康投资能影响跨国人均产出差距吗?：来自跨国面板数据的经验研究［J］. 经济研究，51（8）：129-143.

王弟海，李夏伟，黄亮，2019. 健康投资如何影响经济增长：来自跨国面板数据的研究 [J]. 经济科学（1）：5-17.

王富伟，2015. 质性研究的推论策略：概括与推广 [J]. 北京大学教育评论，13（1）：40-55.

王红丽，张筌钧，2016. 被信任的代价：员工感知上级信任、角色负荷、工作压力与情绪耗竭的影响关系研究 [J]. 管理世界（8）：110-125.

王建国，2011. 中国居民健康对劳动参与的影响：基于多维健康指标的实证分析 [J]. 北京科技大学学报（社会科学版），27（1）：104-110，119.

王丽平，任书丽，2010. 试析企业人力资本、物质资本投资对企业绩效的影响 [J]. 沈阳建筑大学学报（社会科学版），12（1）：61-65.

王璐，高鹏，2010. 扎根理论及其在管理学研究中的应用问题探讨 [J]. 外国经济与管理，32（12）：10-18.

王鹏，刘国恩，2010. 健康人力资本与性别工资差异 [J]. 南方经济（9）：73-84.

王士红，2017. 人力资本与经济增长关系研究新进展 [J]. 经济学动态（8）：124-134.

王彤，黄希庭，毕翠华，2014. 身体健康对中国人幸福感的影响：宗教信仰的调节作用 [J]. 中国临床心理学杂志，22（6）：1053-1056.

王文静，吕康银，王迪，2012. 教育人力资本、健康人力资本与地区经济增长差异：基于中国省际面板数据的实证研究 [J]. 经济与管理，26（9）：88-93.

王秀芝，易婷，2017. 健康人力资本的收入效应 [J]. 首都经济贸易大学学报，19（4）：20-26.

王雁飞，赵铭，朱瑜，2017. 心理资本与建言行为的关系：变革开放性和组织支持感的作用研究 [J]. 心理科学，40（2）：455-462.

王燕，郑雪，2008. 自我决定研究述评 [J]. 黑龙江教育学院学报（1）：80-82.

王益富，2014. 企业员工职业适应能力：测量及影响机制 [D]. 重庆：西南大学.

王引，尹志超，2009. 健康人力资本积累与农民收入增长 [J]. 中国农村经济（12）：26-33.

魏宁，苏群，2013. 健康与农村劳动力非农就业参与：基于联立方程模型

的实证研究 [J]. 农村经济 (7)：113-117.

温忠麟，叶宝娟，2011. 测验信度估计：从 α 系数到内部一致性信度 [J]. 心理学报，43 (7)：821-829.

翁清雄，吴松，2015. 组织吸引力的影响因素元分析：基于过去 25 年研究的回顾 [J]. 预测，34 (1)：29-34.

吴明隆，2010. 问卷统计分析实务：SPSS 操作与应用 [M]. 重庆：重庆大学出版社.

吴明隆，2017. 结构方程模型：AMOS 实务进阶 [M]. 重庆：重庆大学出版社.

吴伟炯，2016. 工作时间对职业幸福感的影响：基于三种典型职业的实证分析 [J]. 中国工业经济 (3)：130-145.

肖霞，2017. 道德健康教育研究 [D]. 济南：山东师范大学.

熊正德，姚柱，张艳艳，2018. 人力资本、社会资本和心理资本对新生代知识型员工创新绩效影响研究：基于工作满意度的中介和工作特征的调节 [J]. 湖南大学学报（社会科学版），32 (6)：79-87.

徐程，尹庆双，刘国恩，2012. 健康经济学研究新进展 [J]. 经济学动态 (9)：120-127.

徐倩，谢勇，2004. 健康与教育：人力资本投资的比较研究 [J]. 市场与人口分析 (1)：61-66.

徐淑英，张志学，2005. 管理问题与理论建立：开展中国本土管理研究的策略 [J]. 南大商学评论 (7)：1-18.

徐祖辉，谭远发，2014. 健康人力资本、教育人力资本与经济增长 [J]. 贵州财经大学学报 (6)：21-28.

许秀梅，2017. 技术资本、人力资本如何提升公司绩效？：来自大样本的多视角分析 [J]. 科研管理，38 (5)：64-76.

许岩，曾国平，曹跃群，2018. 教育人力资本、健康人力资本、总量人力资本对经济增长机制的实证检验 [J]. 统计与决策 (7)：109-113.

薛晓阳，2005. 道德健康的教育学刍议：兼议心理教育的伦理转向 [J]. 教育研究 (11)：23-27.

闫燕，邹晓燕，卿涛，2016. 国内外职涯资本的研究述评与展望 [J]. 心理科学，39 (4)：998-1004.

严文华，2001. 20 世纪 80 年代以来国外组织沟通研究评价 [J]. 外国经济与管理（2）：15-20.

杨春江，冯秋龙，田子州，2015. 变革型领导与员工任务绩效：主动性人格和领导—成员交换的作用 [J]. 管理工程学报，29（1）：39-46

杨建芳，龚六堂，张庆华，2006. 人力资本形成及其对经济增长的影响：一个包含教育和健康投入的内生增长模型及其检验 [J]. 管理世界（5）：10-18.

杨鹏，高素英，许龙，2017. 高管人力资本、员工人力资本对企业绩效的影响：有调节的中介效应分析 [J]. 技术经济与管理研究（4）：52-28.

杨同卫，封展旗，武宜金，等，2019. "道德健康"辩驳：亦论道德与健康的关系 [J]. 医学与哲学，40（1）：21-23.

姚延波，张丹，何蕾，2014. 旅游企业诚信概念及其结构维度：基于扎根理论的探索性研究 [J]. 南开管理评论，17（1）：113-122.

于大川，2013. 健康人力资本对农民农业收入增长的影响研究 [J]. 社会保障研究（2）：83-89.

于大川，潘光辉，2013. 健康人力资本与农户收入增长：基于 CHNS 数据的经验研究 [J]. 经济与管理，27（3）：25-29.

于东平，段万春，2011. 健康人力资本、教育人力资本与经济增长：基于我国省级面板数据的实证研究 [J]. 武汉理工大学学报（社会科学版），24（3）：332-336.

余静文，苗艳青，2019. 健康人力资本与中国区域经济增长 [J]. 武汉大学学报（哲学社会科学版），72（5）：161-175.

袁硕，唐贵瑶，2018. 工作连通行为研究述评与展望 [J]. 外国经济与管理，40（9）：112-125.

苑炳慧，辜应康，2015. 基于顾客的旅游目的地品牌资产结构维度：扎根理论的探索性研究 [J]. 旅游学刊，30（11）：87-98.

詹世友，2015. 马克思的道德观：知识图景与价值坐标 [J]. 道德与文明（1）：46-55.

曾承志，2007. 健康概念的历史演进及其解读 [J]. 北京体育大学学报（5）：618-622.

张光磊，程欢，李铭泽，2019. 非工作时间电子沟通对员工主动性行为影响研究 [J]. 管理评论，31（3）：154-165.

张辉，2017. 健康对经济增长的影响：一个理论分析框架 [J]. 广东财经大学学报，32（4）：15-23.

张辉，2018. 健康对中国经济增长的影响研究 [D]. 北京：首都经济贸易大学.

张军伟，龙立荣，王桃林，2017. 高绩效工作系统对员工工作绩效的影响：自我概念的视角 [J]. 管理评论，29（3）：136-146.

张旭，樊耘，黄敏萍，等，2013. 基于自我决定理论的组织承诺形成机制模型构建：以自主需求成为主导需求为背景 [J]. 南开管理评论，16（6）：59-69.

张学俊，王少林，2006. 道德健康：和谐社会的重要基石 [J]. 西安欧亚学院学报（2）：29-32.

张忠，陈家麟，2007. 论道德健康与心理健康：兼议心理健康教育功能、价值、目标的拓展 [J]. 教育理论与实践（11）：53-56.

赵斌，韩盼盼，2016. 人—工作匹配、辱虐管理对创新行为的影响：基本心理需求的中介作用 [J]. 软科学，30（4）：78-83.

赵慧军，王娟娟，2019. 中国情境的工作强化研究：结构探索与量表开发 [J]. 经济管理，41（5）：192-208.

赵联，2010. 试论道德健康视角下的个体、社会与教育 [J]. 教育研究与实验（2）：57-60.

赵燕梅，张正堂，刘宁，等，2016. 自我决定理论的新发展述评 [J]. 管理学报，13（7）：1095-1104.

赵忠，侯振刚，2005. 我国城镇居民的健康需求与 GROSSMAN 模型：来自截面数据的证据 [J]. 经济研究（10）：79-90.

郑晓明，刘鑫，2016. 互动公平对员工幸福感的影响：心理授权的中介作用与权力距离的调节作用 [J]. 心理学报，48（6）：693-709.

周围，杨韶刚，2008. 借鸡生蛋与以讹传讹：道德健康概念的提出及其合理性分析 [J]. 上海教育科研（11）：26-29.

周业勤，2016. 能力健康概念及其启示 [J]. 医学与哲学（A），37（1）：18-21.

朱必祥，朱妍，2013. 基于人力资本投资视角的员工健康管理问题初探 [J]. 南京理工大学学报（社会科学版），26（5）：35-40.

朱荟，2016. 社会资本与身心健康：概念辨析基础上的关系再检验 [J].

人口与经济 (6)：62-71.

朱焱，张孟昌，2013. 企业管理团队人力资本、研发投入与企业绩效的实证研究 [J]. 会计研究 (11)：45-52.

邹琼，佐斌，代涛涛，2015. 工作幸福感：概念、测量水平与因果模型 [J]. 心理科学进展，23 (4)：669-678.

AGUAYO-RICO A, GUERRA-TURRUBIATES I A, MONTES R, et al., 2005. Empirical evidence of the impact of health on economic growth [J]. The journal of economic history, 2005 (3)：1-16.

ALLISON R A, FOSTER J E, 2004. Measuring health inequality using qualitative data [J]. Journal of health economics, 23 (3)：502-524.

BAKER W E, 2019. Emotional energy, relational energy, and organizational energy: toward a multilevel model [J]. Annual review of organizational psychology and organizational behavior, 6 (1)：373-395.

BAKKER A B, OERLEMANS W, 2011. Subjective well-being in organizations [M]. New York: Oxford University Press.

BAPNA R, LANGER N, MEHRA A, et al., 2013. Human capital investments and employee performance: an analysis of IT services industry [J]. Management science, 59 (3)：641-658.

BARRICK M R, MOUNT M K, LI N, 2013. The theory of purposeful work behavior: the role of personality, higher-order goals, and job characteristics [J]. Academy of management review, 2013, 38 (1)：132-153.

BARRO R, 1996. Three models of health and economic growth [M]. Cambridge, MA: Harvard University.

BAUER T N, ERDOGAN B, 2014. Delineating and reviewing the role of newcomer capital in organizational socialization [J]. Annual review of organizational psychology and organizational behavior, 1 (1)：439-457.

BAUMEISTER R F, LEARY M R, 1995. The need to belong: desire for interpersonal attachments as a fundamental human motivation [J]. Psychological bulletin, 117 (3)：497-529.

BECKER G S, 1962. Investment in human beings: a theoretical analysis [J]. Journal of political economy, 70 (5)：9-49.

BECKER G S, 2007. Health as human capital: synthesis and extensions [J]. Oxford economic papers, 59 (3): 379-410.

BENNETT A A, GABRIEL A S, CALDERWOOD C, et al., 2016. Better together? Examining profiles of employee recovery experiences [J]. Journal of applied psychology, 101 (12): 1635-1654.

BIRCHER J, 2005. Towards a dynamic definition of health and disease [J]. Medicine health care philosophy, 8 (33): 335-341.

BLOOM D E, CANNING D, SEVILLA J, 2004. The effect of health on economic growth: a production function approach [J]. World development, 32 (1): 1-13.

BORMAN W C, MOTOWIDLO S J, 1993. Expanding the criterion domain to include elements of contextual performance [M]. San Francisco: Jossey-Bass.

BORMAN W C, MOTOWIDLO S J, 1997. Task performance and contextual performance: the meaning for personnel selection research [J]. Human performance, 10 (2): 99-109.

BRISLIN R W, 1980. Translation and content analysis of oral and written materials [M]. Boston, MA: Allyn and Bacon.

BURCHELL B, FAGAN C, 2004. Gender and the intensification of work: evidence from the European working conditions surveys [J]. Eastern economic journal, 30 (4): 627-642.

CAMPBELL B A, COFF R, KRYSCYNSKI D, 2012. Rethinking sustained competitive advantage from human capital [J]. Academy of management review, 37 (3): 376-395.

CAMPBELL J P, 1990. Modeling the performance prediction problem in industrial and organizational psychology [M]. Palo Alto, CA: Consulting Psychologists Press.

CAMPBELL J P, 2012. Behavior, performance, and effectiveness in the twenty-first century [M]. London: Oxford University Press.

CAMPBELL J P, WIERNIK B M, 2015. The modeling and assessment of work performance [J]. Annual review of organizational psychology and organizational behavior, 2: 47-74.

CANGIANO F, PARKER S K, YEO G B, 2019. Does daily proactivity affect well-being? The moderating role of punitive supervision [J]. Journal of organizational behavior, 40 (1): 59-72.

CARR A, 2013. Positive psychology: the science of happiness and human strengths [M]. New York: Routledge.

CASE A, ROUX I I, MENENDEZ A, 2004. Medical compliance and income-health gradients [J]. The American economic review, 94 (2): 331-335.

CHEN G H, BAO J G, HUANG S S, 2014. Developing a scale to measure backpackers' personal development [J]. Journal of travel research, 53 (4): 522-536.

COLEMAN J S, 1998. Social capital in the creation of human capital [J]. The American journal of sociology, 94: 95-120.

CONWAY N, CLINTON M, STURGES J, et al., 2015. Using self-determination theory to understand the relationship between calling enactment and daily well-being [J]. Journal of organizational behavior, 36 (8): 1114-1131.

COOPER C, BEVAN S, 2014. Business benefits of a healthy workforce [M]. West Sussex: Wiley.

COOPER S, HETHERINGTON L, 2005. Developing entrepreneurial capability to facilitate academic entrepreneurship and technology commercialization [M]. Amsterdam: Elsevier.

CRAIG L, KUYKENDALL L, 2019. Examining the role of friendship for employee well-being [J]. Journal of vocational behavior, 115: 103-313.

CROOK T R, TODD S Y, COMBS J G, et al., 2011. Does human capital matter? A meta-analysis of the relationship between human capital and firm performance [J]. Journal of applied psychology, 96 (3): 443-456.

CROPANZANO R, ANTHONY E L, DANIELS S R, et al., 2017. Social exchange theory: a critical review with theoretical remedies [J]. Academy of management annals, 11 (1): 479-516.

CROSS S E, MORRIS M L, 2003. Getting to know you: the relational self-construal, relational cognition, and well-being [J]. Personality and social psychology bulletin, 29 (4): 512-523.

DANIELS K, BEESLEY N, WIMALASIRI V, et al., 2013. Problem solving and well-being: exploring the instrumental role of job control and social support [J]. Journal of management, 39 (4): 1016-1043.

DANNA K, GRIFFIN R W, 1999. Health and well-being in the workplace: a review and synthesis of the literature [J]. Journal of management, 25 (3): 357-384.

DECI E L, OLAFSEN A H, RYAN R M, 2017. Self-determination theory in work organizations: the state of a science [J]. Annual review of organizational psychology & organizational behavior (4): 19-43.

DECI E L, RYAN R M, 1985a. Intrinsic motivation and self-determination in human behavior [M]. New York: Plenum.

DECI E L, RYAN R M, 1985b. The general causality orientations scale: self-determination in personality [J]. Journal of research in personality, 19 (2): 109-134.

DECI E L, RYAN R M, 1995. Human autonomy: the basis for true self-esteem [M]. New York: Plenum.

DECI E L, RYAN R M, 2000. The "what" and "why" of goal pursuits: human needs and the self-determination of behavior [J]. Psychological inquiry, 11 (4): 227-268.

DECI E L, RYAN R M, 2008. Self-determination theory: a macrotheory of human motivation, development, and health [J]. Canadian psychology, 49 (3): 182-185.

DECI E L, RYAN R M, GAGNE M, et al., 2001. Need satisfaction, motivation, and well-being in the work organizations of a former Eastern Bloc country: a cross-cultural study of self-determination [J]. Personality and social psychology bulletin, 27 (8): 930-942.

DECI E L, RYAN R M, KOESTNER R, 1999. A meta-analytic review of experiments examining the effects of extrinsic rewards on intrinsic motivation [J]. Psychological bulletin, 125: 627-668.

DENISON E F, 1962. Sources of economic growth in the United States and the alternatives before us [M]. New York: Committee for Economic Development.

DIMOFF J K, KELLOWAY E K, MACLELLAN A M, 2014. Health and performance: science or advocacy [J]. Journal of organizational effectiveness, 1 (3): 316-334.

DISSOU Y, DIDIC S, YAKAUTSAVA T, 2016. Government spending on education, human capital accumulation, and growth [J]. Economic modelling, 58: 9-21.

DOLFMAN M L, 1973. The conception of health: an historic and analytic examination [J]. Journal of school health (8): 491-497.

DOLL H A, PETERSEN S E K, STEWART-BROWN S L, 2000. Obesity and physical and emotional well-being: associations between body mass index, chronic illness, and the physical and mental components of the SF-36 questionnaire [J]. Obesity research, 8 (2): 160-170.

DRANNAN J, 2016. The relationship between physical exercise and job performance: the mediating effects of subject health and good mood [J]. Arabian journal of business management review, 6 (6): 269-279.

DZIUBAN C D, SHIRKEY E C, 1974. When is a correlation matrix appropriate for factor analysis? Some decision rules [J]. Psychological bulletin, 81 (6): 358-361.

EDWARDS J R, LAMBERT L S, 2007. Methods for integrating moderation and mediation: a general analytical framework using moderated path analysis [J]. Psychological methods, 12 (1): 1-22.

FARH J L, ZHONG C B, ORGAN D W, 2004. Organizational citizenship behavior in the people's republic of China [J]. Organization science, 15 (2): 241-253.

FELíCIO J, COUTO E, CAIADO J, 2014. Human capital, social capital and organizational performance [J]. Management decision, 52 (2): 350-364.

FERNET C, STÉPHANIE A, TRÉPANIER S G, et al., 2013. How do job characteristics contribute to burnout? Exploring the distinct mediating roles of perceived autonomy, competence, and relatedness [J]. European journal of work and organizational psychology, 22 (2): 123-137.

FOGEL R W, 1994. Economic growth, population theory, and physiology: The bearing of long – term processes on the making of economic policy ［J］. American economic review, 84 （3）: 369-395.

FORD M T, CERASOLI C P, HIGGINS J A, et al., 2011. Relationships between psychological, physical, and behavioral health and work performance: a review and meta-analysis ［J］. Work & Stress, 25 （3）: 185-204.

FRANKE F, 2015. Is work intensification extra stress ［J］. Journal of personnel psychology, 14 （1）: 17-27.

FRITZ C, SONNENTAG S, 2005. Recovery, health, and job performance: efects of weekend experiences ［J］. Journal of occupational health psychology, 10 （3）: 187-199.

FRONE M R, RUSSELL M, COOPER M L, 1995. Job stressors, job involvement and employee health: a test of identity theory ［J］. Journal of occupational & organizational psychology, 68 （1）: 1-11.

GAGNÊ M, 2003. The role of autonomy support and autonomy orientation in prosocial behavior engagement ［J］. Motivation & Emotion, 27 （3）: 199-223.

GAGNÉ M, DECI E L, 2005. Self – determination theory and work motivation ［J］. Journal of organizational behavior, 26 （4）: 331-362.

GANSTER D C, ROSEN C C, 2013. Work stress and employee health: a multidisciplinary review ［J］. Journal of management, 39 （5）: 1085-1122.

GANSTER D C, SCHAUBROECK J, 1991. Work stress and employee health ［J］. Journal of management, 17 （2）: 235-271.

GREGURAS G J, DIEFENDORFF J M, 2009. Different fits satisfy different needs: linking person – environment fit to employee commitment and performance using self-determination theory ［J］. Journal of applied psychology, 94 （2）: 465-477.

GROSSMAN M, 1972. On the concept of health capital and the demand for health ［J］. Journal of political economy, 80 （2）: 223-255.

GUION R M, 2011. Assessment, measurement, and prediction for personnel decisions ［M］. New York: Routledge.

GUNAWARDENA W A, M S U, 2019. Defining work intensification through profession-specific job demands ［J］. Journal of human resource and sustainability studies, 7 (3): 349-359.

HINKIN T R, 1998. A brief tutorial on the development of measures for use in survey questionnaires [J]. Organizational research methods (1): 104-121.

HOEHLE H, VENKATESH V, 2015. Mobile application usability: conceptualization and instrument development [J]. Mis quarterly, 39 (2): 435-472.

HUBER M, KNOTTNERUS J A, GREEN L, et al., 2011. How should we define health [J]. BMJ, 343 (262): 4163.

JHA S, BALAJI M S, YAVAS U, et al., 2017. Effects of frontline employee role overload on customer responses and sales performance [J]. European journal of marketing, 51 (2): 282-303.

KAHN W A, 1990. Psychological conditions of personal engagement and disengagement at work [J]. Academy of management journal, 33 (4): 692-724.

KAPOUTSIS I, PAPALEXANDRIS A, TREADWAY D C, et al., 2017. Measuring political will in organizations: theoretical construct development and empirical validation [J]. Journal of management, 43 (7): 2252-2280.

KARAZIJIENĖ Ž, JURGELEVIČIUS A, 2016. Expanded concept of human capital as intangible resource at macro level [J]. Montenegrin journal of economics, 12 (4): 141-156.

KELLIHER C, ANDERSON D, 2010. Doing more with less? Flexible working practices and the intensification of work [J]. Human relations, 2010, 63 (1): 83-106.

KOO T K, LI M Y, 2016. A guideline of selecting and reporting intraclass correlation coefficients for reliability research [J]. Journal of chiropractic medicine, 15 (2): 155-163.

KORUNKA C, KUBICEK B, PASKVAN M, et al., 2015. Changes in work intensification and intensified learning: challenge or hindrance demands [J]. Journal of managerial psychology, 30 (7): 786-800.

KUBICEK B, PAšKVAN M, KORUNKA C, 2015. Development and validation of an instrument for assessing job demands arising from accelerated change: the intensification of job demands scale [J]. European journal of work & organizational psychology, 24 (6): 1-16.

LE FEVRE M, BOXALL P, MACKY K, 2015. Which workers are more vulnerable to work intensification? An analysis of two national surveys [J]. International journal of manpower, 36 (6): 966-983.

LEE K, ALLEN N J, 2002. Organizational citizenship behavior and workplace deviance: the role of affect and cognitions [J]. Journal of applied psychology, 87 (1): 131-142.

LEE K, DUFFY M K, 2019. A functional model of workplace envy and job performance: when do employees capitalize on envy by learning from envied targets [J]. Academy of management journal, 62 (4): 1085-1110.

LIAN H, FERRIS D L, BROWN D J, 2012. Does taking the good with the bad make things worse? How abusive supervision and leader-member exchange interact to impact need satisfaction and organizational deviance [J]. Organizational behavior & human decision processes, 117: 41-52.

LU J L, 2009. Effect of work intensification and work extensification on women's health in the globalized labor market [J]. Journal of international women's studies, 10 (4): 111-126.

LUTHANS F, Youssel M, 2017. Psychological capital: an evidence - based positive approach [J]. Annual review of organizational psychology & organizational behavior (4): 339-366.

MACKEY J D, HOCHWARTER W A, FERRIS G R, 2013. Subordinate social adaptability and the consequences of abusive supervision perceptions in two samples [J]. The leadership quarterly, 24 (5): 732-746.

MACKY K, BOXALL P, 2008. High - involvement work processes, work intensification and employee well-being: a study of New Zealand worker experiences [J]. Asia pacific journal of human resources, 46 (1): 38-55.

MARTINAITYTE I, SACRAMENTO C, ARYEE S, 2019. Delighting the customer: creativity-oriented high-performance work systems, frontline employee creative performance, and customer satisfaction [J]. Journal of management, 45 (2): 728-751.

MAYER J D, ROBERTS R D, BARSADE S G, 2008. Human abilities:

emotional intelligence [J]. Annual review of psychology, 59: 507-536.

MONTANO D, REESKE A, FRANKE F, et al., 2017. Leadership, followers' mental health and job performance in organizations: a comprehensive meta-analysis from an occupational health perspective [J]. Journal of organization behavior, 38 (3): 327-350.

MORRIS M L, MESSAL C B, MERIAC J P, 2013. Core self-evaluation and goal orientation: understanding work stress [J]. Human resource development quarterly, 24 (1): 35-62.

MOTOWIDLO S J, BORMAN W C, SCHMIT M J, 1997. A theory of individual differences in task and contextual performance [J]. Human performance (10): 71-83.

MURPHY K M, TOPEL R H, 2006. The economic value of medical research [M]. Chicago: University of Chicago Press.

MURPHY K R, 2012. Individual differences [M]. Oxford, UK: Oxford University Press.

MUSHKIN S J, 1962. Health as an investment [J]. Journal of Political Economy, 75 (5): 129-157.

NEFF K D, 2011. Self-compassion, self-esteem, and well-being [J]. Social and personality psychology compass, 5 (1): 1-12.

NEUENDORF K A, 2016. The content analysis guidebook [M]. London: Sage Publications.

NG T W H, FELDMAN D C, 2012. Employee voice behavior: a meta-analytic test of the conservation of resources framework [J]. Journal of organizational behavior, 33 (2): 216-234.

OGUNDARI K, ABDULAI A, 2014. Determinants of education and healthcare spending in Nigeria: evidence from survey data [J]. African development review, 26 (1): 1-14.

OGUNDARI K, AWOKUSE T, 2018. Human capital contribution to economic growth in Sub-Saharan Africa: does health status matter more than education [J]. Economic analysis and policy, 58: 131-140.

ORGAN D W, 1988. Organizational citizenship behavior: the good soldier syndrome ［M］. Lexington, MA: Lxington.

OWENS B P, BAKER W E, SUMPTER M D, et al., 2016. Relational energy at work: implications for job engagement and job performance ［J］. Journal of applied psychology, 101 (1): 35-49.

PARK J H, DEFRANK R S, 2018. The role of proactive personality in the stressor-strain model ［J］. International journal of stress management, 25 (1): 44-59.

PARKER G B, HYETT M P, 2011. Measurement of well-being in the workplace the development of the work well-being questionnaire ［J］. Journal of nervous & mental disease, 199 (6): 394-397.

PENEDO F J, DAHN J R, 2005. Exercise and well-being: a review of mental and physical health benefits associated with physical activity ［J］. Current opinion in psychiatry, 18 (2): 189-193.

PLOYHART R E, MOLITERNO T P, 2011. Emergence of the human capital resource: a multilevel model ［J］. Academy of management review, 36 (1): 127-150.

PLOYHART R E, NYBERG A J, REILY G, et al., 2014. Human capital is dead: long live human capital resources ［J］. Journal of management, 40 (2): 371-398.

PODSAKOFF P M, MACKENZIE S B, LEE J Y, et al., 2003. Common method biases in behavioral research: a critical review of the literature and recommended remedies ［J］. Journal of applied psychology, 88 (5): 879-903.

PUTNAM R, LEONARDI R, NANETTI R, 1993. Making democracy work: civic tradition in modern Italy ［M］. Princeton: Princeton University Press.

RAFFIEE J, COFF R, 2015. Micro-foundations of firm-specific human capital: when do employees perceive their skills to be firm-specific ［J］. The Academy of management journal, 59 (3): 766-790.

RANDALL J G, OSWALD F L, BEIER M E, 2014. Mind-wandering, cognition, and performance: a theory-driven meta-analysis of attention regulation ［J］. Psychological bulletin, 140 (6): 1411-1431.

REICH T C, HERSHCOVIS M S, 2011. Interpersonal relationships at work ［M］. Washington, DC: American Psychological Association.

REN S, YANG F, WOOD R, 2019. How work-related capabilities influence job performance: a relational perspective [J]. International journal of human resource management, 30 (7): 1157-1180.

RICH B L, LEPINE J A, CRAWFORD E R, 2010. Job engagement: antecedents and effects on job performance [J]. Academy of management journal, 53 (3): 617-635.

ROMER P M, 1990. Endogenous technological change [J]. Journal of political economy, 98 (5): 71-102.

ROTHAUSEN T J, HENDERSON K E, ARNOLD J K, et al., 2017. Should I stay or should I go? Identity and well-being in sensemaking about retention and turnover [J]. Journal of management, 43 (7): 2357-2385.

ROTUNDO M, SACKETT P R, 2002. The relative importance of task, citizenship, and counterproductive performance to global ratings of job performance: a policy-capturing approach [J]. Journal of applied psychology, 87 (1): 66-80.

RYAN R M, DECI E L, 2000. Self-determination theory and the facilitation of intrinsic motivation, social development, and well-being [J]. American psychologist, 55 (1): 68-78.

RYAN R M, DECI E L, 2002. Overview of self-determination theory: an organismic dialectical perspective [J]. Handbook of self-determination research: 3-33.

SáNCHEZ-ÁLVAREZ N, EXTREMERA N, FERNáNDEZ-BERROCAL P, 2016. The relation between emotional intelligence and subjective well-being: a meta-analytic investigation [J]. Journal of positive psychology, 11 (3): 276-285.

SAVICKAS M, PORFELI E, 2012. Career adapt-abilities scale: construction, reliability, and measurement equivalence across 13 countries [J]. Journal of vocational behavior, 80 (3): 661-673.

SCHULTZ A B, EDINGTON D W, 2007. Employee health and presenteeism: a systematic review [J]. Journal of occupational rehabilitation, 17 (3): 547-579.

SCHULTZ T P, 2001. Productivity benefits of improving health: Evidence from low-income countries [M]. New Haven: Yale University.

SCHULTZ T W, 1961. Investment in human capital [J]. The American economic review, 51 (1): 1-17.

SCHULTZ T W, 1982. Investing in people: The economics of population quality [M]. Berkeley: University of California Press.

SCOTT J, 1991. Social network analysis: A handbook [M]. London: Sage Publications.

SHAHZAD F, 2013. Impact of organizational culture on employees' job performance: an empirical study of software houses in Pakistan [J]. Journal of business studies quarterly, 36 (4): 1125-1126.

SHAW J D, PARK T Y, KIM E, 2013. A resource-based perspective on human capital losses, HRM investments, and organizational performance [J]. Strategic management journal, 34 (5): 572-589.

SHELDON K M, TURBAN D B, BROWN K G, et al., 2003. Applying self-determination theory to organizational research [M]. Oxford: Elsevier Science Ltd.

SILVERMAN D, 2016. Qualitative research [M]. London: Sage Publications.

SLEMP G R, VELLA-BRODRICK D A, 2014. Optimising employee mental health: the relationship between intrinsic need satisfaction, job crafting, and employee well-being [J]. Journal of happiness studies, 15 (4): 957-977.

SMITH J P, 2009. The impact of childhood health on adult labor market outcomes [J]. Review of economics and statistics, 91 (3): 478-489.

SMOLLAN R K, SAYERS J G, 2009. Organizational culture, change and emotions: a qualitative study [J]. Journal of change management, 9 (4): 435-457.

SONNENTAG S, 2015. Dynamics of well-being [J]. Annual review of organizational psychology & organizational behavior, 2 (1): 261-293.

SONNENTAG S, BINNEWIES C, MOJZA E J, 2008. "Did you have a nice evening?" A day-level study on recovery experiences, sleep, and affect [J]. Journal of applied psychology, 93 (3): 674-684.

SPECTOR P E, ROSEN C C, RICHARDSON H A, et al., 2019. A new perspective on method variance: a measure-centric approach [J]. Journal of management, 45 (3): 855-880.

STRAUSS A, CORBIN J, 1990. Basics of qualitative research [M]. London: Sage Publications.

TARIS T W, 2006. Is there a relationship between burnout and objective performance? A critical review of 16 studies [J]. Work & Stress, 20: 316-334.

TAYLOR S E, BROWN J D, 1988. Illusion and well - being: a social psychological perspective on mental health [J]. Psychological bulletin, 103 (2): 193-210.

TESTA M A, SIMONSON D C, 1996. Assessment of quality-of-life outcomes [J]. New England journal of medicine, 22: 835-840.

TETRICK L E, WINSLOW C J, 2015. Workplace stress management interventions and health promotion [J]. Annual review of organizational psychology & organizational behavior (2): 583-603.

THOMAS D, FRANKENBERG E, 2002. Health, nutrition, and productivity: a microeconomic perspective [J]. Bulletin of the world health organization, 80 (2): 106-113.

TRÉPANIER S G, FERNET C, AUSTIN S, 2013. Workplace bullying and psychological health at work: the mediating role of satisfaction of needs for autonomy, competence and relatedness [J]. Work & Stress, 27 (2): 123-140.

UNGER J M, RAUCH A, FRESE M, et al., 2011. Human capital and entrepreneurial success: a meta - analytical review [J]. Journal of business venturing, 26 (3): 350-358.

VAN DEN BROECK A, FERRIS D L, CHANG C -H, et al., 2016. A review of self-determination theory' s basic psychological needs at work [J]. Journal of management, 42 (5): 1195-1229.

VAN DEN BROECK A, VANSTEENKISTE M, DE WITTE H, et al., 2010. Capturing autonomy, competence, and relatedness at work: construction and initial validation of the Work-Related Basic Need Satisfaction scale [J]. Journal of occupational and organizational psychology, 83: 981-1002.

VAN GORDON W, SHONIN E, ZANGENEH M, et al., 2014. Can mindfulness really improve work - related mental health and job performance [J]. International journal of mental health and addiction (12): 129-137.

VAN VIANEN A E M, 2018. Person - environment fit: a review of its basic tenets [J]. Annual review of organizational psychology & organizational behavior

(5)：75-101.

VANDER ELST T，VAN DEN BROECK A，DE WITTE H，et al.，2012. The mediating role of frustration of psychological needs in the relationship between job insecurity and work-related well-being［J］. Work & Stress, 26（3）：252-271.

VAZIRI H，BENSON G S，CAMPO M，et al.，2019. Hardworking coworkers：a multilevel cross-national look at group work hours and work-family conflict［J］. Journal of organizational behavior, 40（6）：676-692.

WANG T，ZATZICK C D，2019. Human capital acquisition and organizational innovation：a temporal perspective［J］. Academy of management journal, 62（1）：99-116.

WHITE M，HILL S P，MCGOVERN C，et al.，2003. High-performance management practices, working hours and work-life balance［J］. British journal of industrial relations, 41（2）：175-195.

WIHLER A，MEURS J A，WIESMANN D，et al.，2017. Extraversion and adaptive performance：Integrating trait activation and socio analytic personality theories at work［J］. Personality and individual differences, 116：133-138.

WILLIAMS L J，ANDERSON S E，1991. Job satisfaction and organizational commitment as predictors of organizational citizenship and in-role behaviors［J］. Journal of management, 17（3）：601-617.

WOODHALL M，1987. Human capital concepts［M］. Oxford：Pergamon Press.

WRIGHT P M，COFF R，MOLITERNO T P，2014. Strategic human capital：crossing the great divide［J］. Journal of management, 40（2）：353-370.

WRIGHT P M，DUNFORD B B，SNELL S A，2001. Human resources and the resource based view of the firm［J］. Journal of management, 27（6）：701-721.

YAM K C，REYNOLDS S J，HIRSH J B，2014. The hungry thief：physiological deprivation and its effects on unethical behavior［J］. Organizational behavior & human decision processes, 125（2）：123-133.

YEN L T，EDINGTON D W，WITTING P，1991. Associations between employee health-related measures and prospective medical insurance costs in a manufacturing company［J］. American journal of health promotion（6）：46-54.

ZHENG X, ZHU W, ZHAO H, et al., 2015. Employee well-being in organizations: theoretical model, scale development, and cross-cultural validation [J]. Journal of organizational behavior, 36 (5): 621-644.

ZIVIN J G, NEIDELL M, 2013. Environment, health, and human capital [J]. Journal of economic literature, 51 (3): 689-730.

附　录

附录一：访谈提纲

第一部分：受访者基本信息。

（1）您的年龄是？籍贯是？

（2）请您简要介绍您目前的工作。

（3）您的工作会对您的健康造成影响吗？

（4）您所在的组织有哪些和健康相关的管理政策？

（5）……

第二部分：健康人力资本概念内涵探索。

（1）您觉得一般意义上的健康包括哪些内容？

（2）您觉得您自身的哪些特征为组织创造了价值？

（3）您认为健康有经济价值吗？若有，体现在哪些方面？

（4）您认为在工作中有哪些因素影响了您的健康？

（5）……

第三部分：健康人力资本结构维度探索。

（1）您觉得一个人需要做到哪些方面才能被视为健康的个体？

（2）您对"高管猝死"以及频发的"员工跳楼"等社会现象有什么看法？

（3）您能对前面提到的健康的内容进行归类吗？

（4）更广泛地看，除了身体健康，您还能想到什么和健康有关的信息？

（5）……

附录二：正式调查问卷（员工版）

尊敬的先生（女士）：

您好！非常感谢您在百忙中填写这套问卷。问卷仅用于学术研究，请您放心如实作答，我们对有关信息会严格保密。请您认真阅读每一道题目，并根据自己的实际感受回答，您的回答对我们的研究至关重要！评价范围为 1~5 分，代表对问题描述同意程度的逐渐增加，即"1"代表完全不同意，"5"代表完全同意。

非常感谢您的支持。祝您工作顺利，家庭幸福！若有疑问请联系：×××××。

第一部分：您的基本信息（请在选项处打"√"或者填上数字）

1. 性别：① 男　　② 女

2. 年龄：_____ 周岁

3. 学历：①专科及以下　　②本科　　③硕士　　④博士

4. 所在单位性质：①政府事业单位　　②民营企业　　③国有企业④外资企业　　⑤其他

5. 您在本单位工作的时间：_____年

第二部分：以下是您对自身状况的描述，每个描述后有 5 个选项，它们代表的程度是依次递增的，请在最符合的数字上打"√"。

序号	请选择最符合自己真实情形的答案，在相应的数字上打"√"	非常不同意	比较不同意	不确定	比较同意	非常同意
1	我的身体状况满足我当前的工作要求	①	②	③	④	⑤
2	我对疾病拥有较强的抵抗能力	①	②	③	④	⑤
3	我很少出现头晕或头疼的情况	①	②	③	④	⑤
4	我拥有较好的睡眠质量	①	②	③	④	⑤
5	我的身体没有功能性障碍	①	②	③	④	⑤

序号	请选择最符合自己真实情形的答案，在相应的数字上打"√"	非常不同意	比较不同意	不确定	比较同意	非常同意
6	我有足够的能力承担相应的工作	①	②	③	④	⑤
7	在工作中，我有充足的精力应对各种问题	①	②	③	④	⑤
8	我以饱满的精神状态投入工作	①	②	③	④	⑤
9	完成一天的工作后，我不会觉得疲惫不堪	①	②	③	④	⑤
10	总的来说，我的身体处于一个良好的状态	①	②	③	④	⑤
11	我能够以积极乐观的心态应对工作中的难题	①	②	③	④	⑤
12	绝大多数情况下，我能够控制冲动	①	②	③	④	⑤
13	在我看来，发怒不是解决工作问题的有效办法	①	②	③	④	⑤
14	工作中，我对他人坦诚相见，不以谎言掩盖事实	①	②	③	④	⑤
15	我能够妥善管理在工作中产生的情绪	①	②	③	④	⑤
16	通常情况下，我对他人表达的情感能够感同身受	①	②	③	④	⑤
17	对我而言，获得同事或领导的尊重和认可非常重要	①	②	③	④	⑤
18	我认为我能像大多数同事一样把事情做好	①	②	③	④	⑤
19	我认为我在工作中是有价值的	①	②	③	④	⑤
20	我的价值观和社会主流价值观是一致的	①	②	③	④	⑤
21	我不会以损害他人利益为手段而实现自身目的	①	②	③	④	⑤
22	轮换工作岗位或变动工作内容不会对我造成心理负担	①	②	③	④	⑤

序号	请选择最符合自己真实情形的答案，在相应的数字上打"√"	非常不同意	比较不同意	不确定	比较同意	非常同意
23	我可以迅速地适应身边同事的人事变动	①	②	③	④	⑤
24	我能够妥善处理和同事的人际关系	①	②	③	④	⑤
25	我能够妥善处理和领导的人际关系	①	②	③	④	⑤
26	当组织进行变革时，我可以很快适应	①	②	③	④	⑤
27	我主动学习以为可能出现的变化做好准备	①	②	③	④	⑤
28	我持续学习以适应组织的要求	①	②	③	④	⑤
29	我具备良好的沟通能力	①	②	③	④	⑤
30	我所在的组织看重的东西与我看重的东西一样	①	②	③	④	⑤
31	我个人的价值观与组织的价值观和文化相匹配	①	②	③	④	⑤

第三部分：以下对您在工作中的体验描述，每个描述后有 5 个选项，它们代表的程度是依次递增的，请在最符合的数字上打"√"。

序号	请选择最符合自己真实情形的答案，在相应的数字上打"√"	非常不同意	比较不同意	不确定	比较同意	非常同意
1	我在工作中确实能很好地完成任务	①	②	③	④	⑤
2	我觉得我能胜任我的工作	①	②	③	④	⑤
3	我擅长我的工作	①	②	③	④	⑤
4	我觉得我甚至可以在工作中完成最困难的任务	①	②	③	④	⑤
5	我觉得在工作中我可以做自己	①	②	③	④	⑤
6	在工作中，我经常觉得我必须服从别人的命令	①	②	③	④	⑤

序号	请选择最符合自己真实情形的答案，在相应的数字上打"√"	非常不同意	比较不同意	不确定	比较同意	非常同意
7	如果可以选择，我会换种方式处理工作上的事情	①	②	③	④	⑤
8	我在工作中必须完成的任务与我真正想做的事情是一致的	①	②	③	④	⑤
9	我可以自由地以我认为最好的方式完成我的工作	①	②	③	④	⑤
10	在我的工作中，我被迫做我不想做的事	①	②	③	④	⑤
11	我觉得和工作上的其他人没有什么联系	①	②	③	④	⑤
12	在工作中，我觉得自己是团队的一部分	①	②	③	④	⑤
13	我在工作中并不是经常与人打交道	①	②	③	④	⑤
14	工作中，我可以和人们谈论对我真正重要的事情	①	②	③	④	⑤
15	当我和同事在一起时，我经常感到孤独	①	②	③	④	⑤
16	和我一起工作的人中有一些是我的好朋友	①	②	③	④	⑤

第四部分：以下是您对工作环境的一些体验描述，每个描述后有 5 个选项，它们代表的程度是依次递增的，请在最符合的数字上打"√"。

序号	请选择最符合自己真实情形的答案，在相应的数字上打√	非常不同意	比较不同意	不确定	比较同意	非常同意
1	上班期间要完成的任务越来越多	①	②	③	④	⑤
2	部门员工越来越少（或不变），而任务量却越来越大	①	②	③	④	⑤
3	每天的任务太多以至于我比以前更忙了	①	②	③	④	⑤

序号	请选择最符合自己真实情形的答案，在相应的数字上打√	非常不同意	比较不同意	不确定	比较同意	非常同意
4	只有更快地做才能在上班期间把任务做完	①	②	③	④	⑤
5	同时处理多项任务越来越常见	①	②	③	④	⑤
6	上班期间想要稍做休息越来越难	①	②	③	④	⑤
7	任务期限比以前更紧了	①	②	③	④	⑤
8	本职工作经常被其他杂事打断，增大了我的工作负担	①	②	③	④	⑤
9	任务压力越来越大	①	②	③	④	⑤
10	不能按时下班对我来说更常见了	①	②	③	④	⑤
11	非工作时间处理工作事务越来越常见（电话、微信、邮件等）	①	②	③	④	⑤
12	晚上在家处理工作事务越来越常见（同上）	①	②	③	④	⑤
13	随时随地办公更常见了（同上）	①	②	③	④	⑤
14	周末或节假日在单位或在家处理工作事务越来越频繁	①	②	③	④	⑤
15	经常需要在晚上或周末把工作带回家做	①	②	③	④	⑤
16	每天花在工作上的时间比以前更多了	①	②	③	④	⑤

第五部分：以下是您对工作整体感受的描述，每个描述后有 5 个选项，它们代表的程度是依次递增的，请在最符合的数字上打"√"。

序号	请选择最符合自己真实情形的答案，在相应的数字上打"√"	非常不同意	比较不同意	不确定	比较同意	非常同意
1	我对具体的工作内容感到基本满意	①	②	③	④	⑤
2	总体来说，我对从事的工作感到满意	①	②	③	④	⑤
3	我的工作非常有趣	①	②	③	④	⑤

序号	请选择最符合自己真实情形的答案，在相应的数字上打"√"	非常不同意	比较不同意	不确定	比较同意	非常同意
4	我总能找到办法来充实我的工作	①	②	③	④	⑤
5	对我来说，工作会是很有意义的一场经历	①	②	③	④	⑤
6	我对从目前工作中获得的成就感到基本满意	①	②	③	④	⑤

——本问卷到此结束，恳请您再检查一遍有无漏答的题目——

非常感谢！

附录三：正式调查问卷（领导版）

尊敬的先生（女士）：

您好！非常感谢您在百忙中填写这套问卷。本问卷邀请您对下属的工作绩效进行评价，评价范围为 1~5 分，代表对问题描述同意程度的逐渐增加，即"1"代表完全不同意，"5"代表完全同意。问卷仅用于学术研究，我们对有关信息会严格保密，请您根据下属的实际表现评价。

非常感谢您的支持。祝您工作顺利，家庭幸福！若有疑问请联系：×××××。

第一部分：您的基本信息（请在选项处打"√"或直接填上数字）

1. 性别：① 男　　② 女

2. 年龄：＿＿＿＿＿＿＿ 周岁

3. 学历：①高中及以下　　②专科　　③本科　　④硕士及以上

4. 所在单位性质：①政府事业单位　　② 民营企业　　③国有企业
④外资企业　　⑤其他

5. 您在本单位工作的时间：＿＿＿＿＿＿年

第二部分：以下是您对下属在工作中的表现描述，请对其进行打分，打分范围是 1~5 分，代表依次递增的认可程度。

序号	请您根据下属的实际表现按照 1~5 分进行评价	张×	李×	王×	赵×	孙×
1	该员工充分完成分配的任务					
2	该员工履行工作职责					
3	该员工完成上级安排的任务					
4	该员工符合工作的正式绩效要求					
5	该员工参与直接影响其绩效评估的活动					
6	该员工帮助那些缺席的人					

序号	请您根据下属的实际表现按照 1~5 分进行评价	张×	李×	王×	赵×	孙×
7	该员工愿意花时间帮助那些有工作问题的人					
8	该员工调整他的工作时间表以适应其他员工请假的要求					
9	该员工努力让新员工在工作中感到受欢迎					
10	该员工对同事表现出真诚关心和礼貌，即使是在最棘手的业务或个人情况下					
11	该员工放弃时间去帮助那些有工作或非工作问题的人					
12	该员工协助他人完成工作					
13	该员工与他人分享个人资源以帮助他们工作					
14	该员工参加一些不必要的但有助于提升组织形象的活动					
15	该员工紧跟公司的发展					
16	该员工会在其他员工批评组织时为组织辩护					
17	该员工在公共场合代表公司时表现出自豪感					
18	该员工提出改进组织运作的意见					
19	该员工表达对组织的忠诚					
20	该员工采取行动保护组织不受潜在问题的影响					
21	该员工表现出对组织形象的关心					

——本问卷到此结束，恳请您再检查一遍有无漏答的题目——

非常感谢！